# 阮啸仙 画传

◎ 广东省审计厅
河源市审计局 编

陈其明 主编

广东旅游出版社

悦读书·悦旅行·悦享人生

中国·广州

图书在版编目（CIP）数据

阮啸仙画传 / 广东省审计厅, 河源市审计局编；
陈其明主编. — 广州：广东旅游出版社, 2023.7
ISBN 978-7-5570-3061-2

Ⅰ.①阮… Ⅱ.①广… ②河… ③陈… Ⅲ.①阮啸仙
（1897-1935）—传记—画册 Ⅳ.①K825.31-64

中国国家版本馆CIP数据核字（2023）第092544号

出 版 人：刘志松
策划编辑：彭 超
责任编辑：彭 超 杨 恬
封面设计：辛 欣
内文设计：苏永亮
责任技编：冼志良
责任校对：李瑞苑

阮啸仙画传
RUANXIAOXIAN HUAZHUAN

出版发行：广东旅游出版社
社 址：广州市荔湾区沙面北街71号首层、二层
邮 编：510130
电 话：020-87347732（总编室） 020-87348887（销售热线）
投稿邮箱：2026542779@qq.com
印 刷：广州市岭美文化科技有限公司
厂 址：广州市荔湾区花地大道南海南工商贸易区A幢
开 本：889毫米×1194毫米 16开
字 数：150千字
印 张：8.25
版 次：2023年7月第1版
印 次：2023年7月第1次印刷
定 价：128.00元

# 谨以此书纪念

中华人民共和国审计署成立40周年

中华苏维埃共和国中央审计委员会成立90周年

人民审计事业奠基人阮啸仙诞辰125周年

**阮啸仙**画传 **编委会**

主　任：马学斌

副主任：黄建勋　侯志勇　张河敏

编　委：陈其明　温国强　张晓梅　江麟生

特邀撰稿人：陈其明

# 序

## ——写在《阮啸仙画传》出版之际

□ 中共广东省委审计委员会办公室主任、广东省审计厅党组书记、厅长 马学斌

2023年，是中华人民共和国审计署成立40周年，是中华苏维埃共和国中央审计委员会成立90周年，也是人民审计事业奠基人阮啸仙烈士诞辰125周年。为了缅怀红色审计事业先驱阮啸仙的革命功绩，传承红色审计精神，赓续红色审计血脉，续写新时代人民审计高质量发展新篇章，我们编撰了本画传。

阮啸仙作为中华苏维埃共和国中央审计委员会首任主任，在他短暂而辉煌的革命生涯中，为人民解放和民族独立立下了不朽功勋，并为后人留下了一份宝贵的精神财富。阮啸仙主持中华苏维埃共和国中央审计委员会工作期间，开展了一系列卓有成效的审计活动，对于建设廉洁高效政府、巩固红色政权进行了一系列大胆有益探索，为我党审计工作积累了丰富经验，直至今天仍有重要价值。

**必须更加注重坚持党的领导**。阮啸仙主持中央审计委员会工作后，所有的审计活动，都是在中华苏维埃共和国中央执行委员会的统一领导下开展的。进入新时代，必须深入学习贯彻习近平总书记关于审计工作重要讲话和重要指示批示精神，更加注重坚持和加强党对审计工作的领导，建立健全党领导审计工作制度机制，以实际行动忠诚拥护"两个确立"、坚决做到"两个维护"。

**必须更加注重服务大局**。阮啸仙主持中央审计委员会工作期间，紧紧围绕"一切为着战争，争取前线上的胜利"进行审计，有力地促进了中央苏区中心任务的依时完成。进入新时代，必须心怀"国之大者"，深刻理解和准确把握党中央赋予审计的职责定位，始终做到党的工作重点抓什么、审计就审什么，把党中央要求贯穿审计工作全过程各环节，以强有力的审计监督保障执行、促进发展。

**必须更加注重坚持依法审计。**阮啸仙主持中央审计委员会工作期间，出台了中国共产党领导下红色政权的第一部审计法规《中华苏维埃共和国中央政府执行委员会审计条例》，中央苏区的审计工作走上了依法审计的轨道。进入新时代，必须更加坚持以习近平法治思想为引领，坚持依法审计，做好常态化"经济体检"工作，一体推进揭示问题、规范管理、促进改革。

**必须更加注重维护群众利益。**阮啸仙主持中央审计委员会工作期间，始终坚持把维护党和政府利益与维护人民群众利益高度统一起来。进入新时代，必须更加践行以人民为中心的发展思想，围绕民生大事、难事、急事，持续加大重点民生资金和项目审计力度，推动各项惠民富民政策落到实处，不断增强人民群众获得感、幸福感、安全感。

**必须更加注重提升审计公信力。**阮啸仙主持中央审计委员会工作期间，开创性地建立了审计公告制度，推进审计发现问题整改到位。进入新时代，必须着力做好审计"下半篇文章"，压实各方责任，推动标本兼治，提高审计整改工作制度化、规范化水平，维护审计监督严肃性和权威性。

历史征程风云激荡，百年奋斗成就辉煌。回顾中国共产党领导下的审计工作光辉历程，着眼实现中华民族伟大复兴的宏伟目标，我们唯有踔厉奋发、笃行不怠，担当实干、勤勉尽责，肩负起党和人民交付的光荣使命和神圣职责，奋力开创新时代广东审计高质量发展新局面！

2022年7月

# 目录
## CONTENTS

# 开 篇

## 从下屯走出来的
## 中华苏维埃共和国中央审计委员会主任

　　在纪念中华人民共和国审计署成立40周年、中华苏维埃共和国中央审计委员会成立90周年和人民审计事业奠基人阮啸仙诞辰125周年前夕，我们怀着无比崇敬的心情，又一次来到英雄的故里——东源县义合镇下屯村大塘面屋，走进阮啸仙故居，徜徉于"洪亨"塾屋，瞻仰阮啸仙颜容，缅怀先烈业绩，感受前辈风范。

广东省河源市东源县义合镇下屯村，东江之畔一个再普通不过的客家小村落。这里却走出了一位非凡的英雄模范人物——

中国共产党早期党员之一；

广东早期学运、工运和青运重要领导人；

大革命时期与彭湃齐名的农民运动领袖；

中共纪检监察工作先驱；

苏维埃政权建设探索者；

中华苏维埃共和国第一任中央审计委员会主任，被人誉为中央苏区首任"审计长"；

"100位为新中国成立作出突出贡献的英雄模范人物"之一；

……

▲位于广东省河源市东源县义合镇下屯村大塘面屋的阮啸仙故居

阮啸仙
（1898—1935）

▲位于江西瑞金沙洲坝杨氏宗祠"廉太厅下"的中央审计委员会旧址。1934年2月起阮啸仙任中华苏维埃共和国中央执行委员会委员、中央审计委员会主任

　　他，就是中国共产党早期杰出的无产阶级革命家，人民审计制度的创立者与人民审计事业的奠基人，被第十一届全国政协副主席、审计署原审计长李金华誉为"我党审计工作始祖"的阮啸仙。

　　在纪念中华人民共和国审计署成立40周年、中华苏维埃共和国中央审计委员会成立90周年和人民审计事业奠基人阮啸仙诞辰125周年前夕，我们怀着无比崇敬的心情，又一次来到英雄的故里——东源县义合镇下屯村大塘面屋，走进阮啸仙故居，徜徉于"洪亨"塾屋，瞻仰阮啸仙颜容，缅怀先烈业绩，感受英模风范。

　　阮啸仙，中国共产党历史上一位著名的革命烈士，新民主主义革命时期河源地区资历最深、职级最高、影响最大的一位革命先驱。驰骋大江南北，踏遍逶迤河山，阮啸仙用他的忠诚和担当，用他的辛劳和热血，用他短暂而壮丽的37个春秋，在中共历史上镌刻了永不褪色的红色印记——

学生时代，阮啸仙就志存高远，曾立下"挥笔落下如云烟，意志坚强可敌天"的爱国壮志；考入广东省立第一甲工学校后，他发动改造学校运动，创建共青团组织，加入共产主义小组，宣传马克思主义，投身广州爱国学潮；在"新潮怒放"的时代，他争做"新社会的健儿"和"主义的实行家"。

大革命洪流中，阮啸仙参与国共合作，开展工农运动，主持第三届广州农民运动讲习所，充分体现了共产党人的高风亮节，博得了国共两党人士的一致赞誉，被誉为不怕苦、不怕烦、不怕病、不怕累、不怕死的"国共铁汉"。

面对白色恐怖，阮啸仙置生命于度外，组建工农武装，发动农民暴动，建立仁化苏维埃政权，为大革命失败后党组织积极探索工农武装割据革命道路冲锋陷阵。

在中央机关，阮啸仙撰写理论文章，总结经验教训，推介先进典型，探索红色政权理论，指导全国各地开展革命斗争，为创建苏维埃红色革命政权摇旗呐喊。

▲ "洪亨"塾屋。阮啸仙幼时在此读私塾

特别是在中央苏区，作为中华苏维埃共和国中央审计委员会主任的阮啸仙，在中央执行委员会主席毛泽东的直接领导下，带领中央审计委员会的同事们，根据审计条例，在短短的半年多时间里，先后对苏维埃政府首脑机关、群团组织、国有企业和部分地方苏维埃政府的预决算及财务收支情况，以及节省运动、反贪污浪费、反官僚主义和反形式主义斗争的专项工作，卓有成效地开展了各项审计。阮啸仙为整顿苏区财政秩序，健全预决算和会计制度，惩治贪

▲2021年8月通车的啸仙大桥，让阮啸仙故里——河源义合下屯等6村的3万余群众彻底告别了靠渡船来往东江南北两岸的历史

污腐败蠹虫，稳定和发展苏区经济，建设为民清廉政府，为中央苏区经济建设和红色政权的巩固作出了卓越功勋。他用自己的模范行动，诠释了革命家殚精竭虑、呕心沥血、鞠躬尽瘁、死而后已的人生境界，在中国共产党领导下的中央苏区审计史上书写了浓墨重彩的华章。

中国共产党走过了百年岁月，涌现了一代又一代优秀共产党人，阮啸仙就是其中一位。他的一生，是革命的一生、战斗的一生，是追求真理、敢于斗争、为中华民族求独立和为中国人民谋幸福的一生。我们缅怀阮啸仙烈士，不但要敬仰他的革命风骨，传颂他的革命事迹，更要传承他的革命精神，自觉肩负起党和人民交付的使命与担当。

进入新时代，我们倍感老一辈革命家留下的红色遗产和精神财富，弥足珍贵；也倍感红色革命精神的强大生命力和感召力，更是日月常新。抚今追昔，饮水思源，我们永远不会忘记，人民审计制度的"根"在瑞金，人民审计事业奠基人之"源"在下屯。

今天，在下屯大塘面屋，在阮啸仙故居，在"洪亨"塾屋，我们以先烈故乡后人的无限崇敬与虔诚——

从一行行深沉凝重的文字里，去探寻阮啸仙的壮丽人生；

从一帧帧褪色泛黄的照片中，去感悟阮啸仙的革命风骨；

从一个个平凡又神奇的故事中，去赓续阮啸仙的红色精神！

"踏遍青山人未老"，阮啸仙精神不朽。寻根溯源，让我们从下屯开始说起……

▲2006年11月29日，由审计署等单位拍摄制作的电视专题片《阮啸仙》首播仪式在广州举行。时任审计署审计长的李金华（左六）、中宣部副部长高俊良（左三）和广东省委常委、常务副省长钟阳胜（右五），与阮啸仙烈士儿子阮乃纲（左五）、孙子阮钦彤（左七）、曾孙阮士君（左四）在首播仪式上留影

# 第一篇

## 广东青年运动先驱

阮啸仙是最早从事青年运动的领袖之一。从1922年6月起，他从广州社会主义青年团首任书记谭平山手中接过接力棒，先后担任了广东社会主义青年团执行委员会书记、青年团广东地区执行委员会委员长等，大刀阔斧整顿团组织，发动青年积极参加工运、青运和农运斗争，受到中共中央执委会委员长陈独秀和团中央的高度评价。

　　河源县义合乡（今广东省河源市东源县义合镇）下屯村，位于广东省东北部，地处风景秀丽的东江之畔，是一个山清水秀、民风淳朴的小村庄。

　　据史书载，下屯村于明末开村，距今已400余年。清光绪二十四年戊戌七月二十日，即1898年9月5日，阮啸仙诞生在下屯村一个叫大塘面屋的三进院落式的阮家宅院里。

　　阮啸仙自幼就品尝了生活的苦涩、艰辛与屈辱。阮父集仁共有五子一女，其中长子熙慈和三子熙心，结婚成家后先后分开生活；次子熙名，4岁时便得急病夭折。阮啸仙排行老四，在他5岁和7岁时，小弟熙中（后改名"致中"）、小妹苑霞先后出生。阮啸仙与父母、弟妹相依为命，住在"洪亨"小店，过着十分清苦的日子。

▲ 被东江环绕的下屯村

1904年，阮啸仙祖父阮济垣为图儿孙们有出息，从河源县城请来黄树梧塾师，在"洪亨"小店开始进行启蒙教育。在塾师严格管教下，阮啸仙与族人兄弟们背诵"四书"、熟读"五经"。从此，这间做小生意的小店铺，便成了阮家族人启蒙教育的"洪亨"塾屋。

▲阮啸仙小时候就读的"洪亨"塾屋

為學貴有恆論

阮熙朝

事之興非興於興之日而必有所由興之生非生於生之時亦必有所漸學之成非成於成之際亦必有所從來試嘗觀古今之所謂聖賢豪傑者其成功蓋非一時所能就亦積其循漸之功得之耳人生天地間不為聖賢則為凡庸然則為豪傑之精神亦必積少年之精神而後漸聖賢豪傑烏乎成也學乎聖賢則志聖賢之道學乎豪傑則

職業教育與國民教育並重論

阮熙朝

蓋聞國家之盛衰強弱尚在人民之有教興否教育党備則國不期強而強教育缺之則國不期弱而弱為有所謂國民教育者教育之以各種藝術使人人相生相養之道也此職業教育之謂也教育之以權利義務使人人知守法奉公之曲此國民教育之謂也然而說者曰職業教育重於國民教育蓋能使人民知

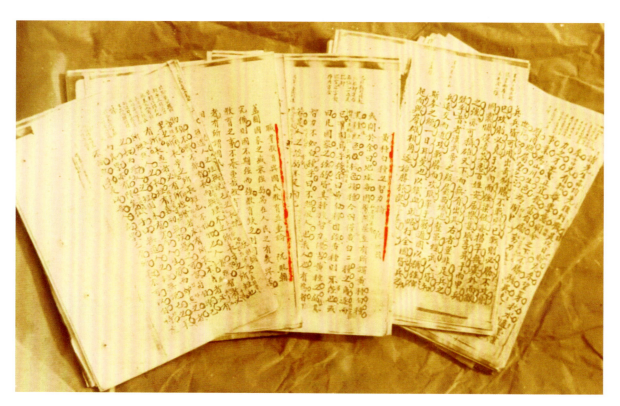

▲阮啸仙少年时的作文手迹（"阮熙朝"即阮啸仙原名）。老师曾在阮啸仙的作文中批语称："脱胎前辈，文格如自己出，不为旧文所泥，是读书有心得者"，"结构匀整，词笔清爽，从此加功，升韩子之堂而入其室，似无难矣"等

▲风景秀丽的义合苏家围——阮啸仙母亲苏希浓家

1906年，8岁的阮啸仙与伙伴们一起，进入村中"闻啸轩"学堂上初级小学。在校期间，阮啸仙勤奋学习，善于钻研，学习成绩经常名列前茅，深得本族教员阮益三的喜爱。在阮益三等老师的教育引导下，阮啸仙的学业和思想日趋长进。10岁的时候，他在墨砚上刻写了"挥笔落下如云烟，意志坚强可敌天"的诗句，表达了他从小就立志改革社会、救国救民的远大抱负。

▲ "闻啸轩"学堂旧址（现啸仙小学），阮啸仙幼时曾在此读书，并借学堂堂名寓义改原名"熙朝"为"啸仙"。该学堂先后改为道南初级小学、下屯村小学等

▲河源县城三江高等小学旧址一角。阮啸仙曾在此读书

1910年，阮啸仙入道南初级小学（由"闻啸轩"学堂改名）读书。1913年，15岁的阮啸仙以优异的成绩初小毕业。因人口繁衍、家道中落、生活困顿，初小毕业后，阮啸仙便失学在家参加劳动。直至1914年春，阮啸仙才入河源县城三江高等小学（今东源县教师进修学校）读书。

1916年1月，广东中华革命军在惠州、淡水、白芒花等地起义讨伐袁世凯。3月，军阀龙济光部刘达庆为镇压反袁起义，率军入河源，占驻学校。三江高等小学被占用停课，阮啸仙为避战乱被迫再次辍学。直至翌年春，已经19岁的阮啸仙返校复课，并于同年秋完成了同龄人早该修完的学业，以优异的成绩从高等小学毕业。

1918年3月，阮啸仙以第一名的成绩，夺得河源全县唯一的招录名额，考入广东省立第一甲种工业学校（简称"甲工"）机械科就读。

此时，正是俄国十月社会主义革命胜利的第二年。阮啸仙如饥似渴地学习、研究，比较着各种新文化和新思想，思考着救国救民的新道路，开始接受马克思主义思想。

▲阮啸仙在广东"甲工"读书时的照片（由广东省档案馆提供）

▲ 阮啸仙（后排中）与同学们的合影（由广东省档案馆提供）

◀ 阮啸仙（右）与刘尔崧（左）、周其鉴（中）合影（由广东省档案馆提供）

▶ 广东省长、粤军总司令陈炯明。阮啸仙在"甲工"读书期间，与刘尔崧、周其鉴等人五次上书陈炯明，发动了一场要求读书、驱赶校长、整顿学校的著名学潮

▲阮啸仙（右）与刘尔崧（左）合影（由广东省档案馆提供）

▲1920年6月4日，阮啸仙（前排右四）参加由广东学生联合会举行的全国报界联合会代表的活动时留影（由广东省档案馆提供）

　　1919年五四运动爆发后，广州各校的爱国青年学生积极投入到这场伟大的爱国运动中。阮啸仙与该校好友周其鉴、刘尔崧、张善铭等进步学生，力主响应北京的学生运动，走出校门，主持召集会议，参加示威游行，积极投身反帝爱国运动。在陈独秀等人的教育引导下，阮啸仙与广州各个学校联络，于6月17日成立了广东中等以上学校学生联合会（简称"中上联"），并担任该会的负责人。

　　正因为阮啸仙开始接受社会主义和马克思主义，当1920年8月，谭平山在广州组织广州社会主义青年团时，阮啸仙旋即加入，并积极参加青年团的各项活动，成为青年团的活跃分子。在稍后的1921年初，陈独秀、谭平山等人在广州成立了马克思主义研究会，阮啸仙为该会主要成员之一。

▲ 在"甲工"读书时的阮啸仙（由广东省档案馆提供）

▲1921年5月27日，阮啸仙与同学们集体退学离校，以此抗议当局和学校指责学生运动所为。图为"甲工"学潮中学生退学前留影（由广东省档案馆提供）

▲广东学生积极响应北京五四运动。图为广州学生在检查日货时被反动当局拘禁在广州先施公司，阮啸仙等人发动学生示威游行，积极营救被拘禁同学

▲1921年10月，阮啸仙为总结"甲工"学潮，专门编撰了关于当年4月12日至8月30日期间开展学潮过程的《工业改造记》。图为由阮啸仙主编并题写书名的《工业改造记》封面

1921年春夏之间，阮啸仙与周其鉴、刘尔崧、张善铭等人，在广东"甲工"发动和组织全校学生，成立工校学生校友会，针对校长高仑压制学生、账目不清、校务废弛、设备残破等问题，掀起了一场要求读书、改造学校、驱逐校长的学潮，并取得了最后的胜利。他与周其鉴、刘尔崧、张善铭被称为"甲工四大金刚"，并在中国共产党的早期领导人陈独秀的心目中留下了深刻的印象。

组织领导"甲工"学潮之后，在党的"一大"召开不久后，阮啸仙毅然加入了中国共产党，成为中共早期也是广东最早的党员之一，从此走上了职业革命家的道路。1922年6月，陈炯明在广州发动武装叛乱后，广东社会主义青年团负责人谭平山调离广东，团的工作由阮啸仙负责。同年秋，阮啸仙从"甲工"毕业后，随即被安排在中国劳动组合书记部广东分部工作。

▲阮啸仙（左）与杨石魂（中）、冯菊坡（右）的合影（由广东省档案馆提供）

▲ 从事青年运动时的阮啸仙（由广东省档案馆提供）

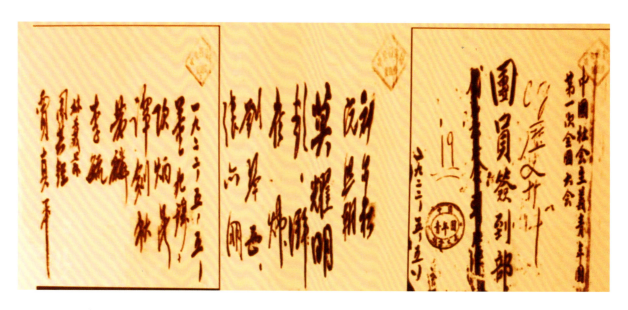

▲1922年5月5日至10日，中国社会主义青年团在广州东园召开第一次全国代表大会，阮啸仙（阮熙朝）等人以团员身份列席了会议。图为阮啸仙与刘尔崧、彭湃、刘琴西等人大会报到当天在签到簿上的签名手迹

▶1923年5月13日，阮啸仙主持召开广州地区各团小组长会议，会议决定改组团广州地方执行委员会，代行团广东区执行委员会职权，选举阮啸仙为团广州地方执行委员会书记，代行团区委书记。5月19日，阮啸仙致信中国社会主义青年团中央执行委员会书记施存统，报告团广州地委改选情况。图为阮啸仙写给施存统的书信手迹（由广东省档案馆提供）

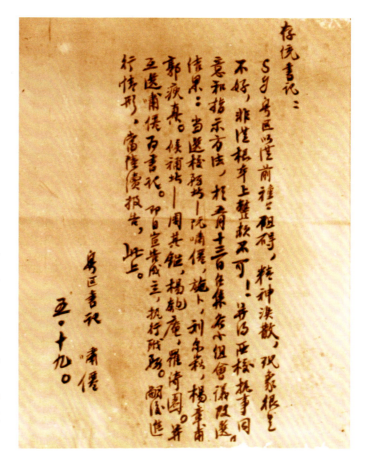

从1922年6月负责广东社会主义青年团工作始，至1924年11月团广东区委第三次代表大会止，阮啸仙先后任广东社会主义青年团书记、第一届团广东区执行委员会委员长、第二届团广东区执行委员会秘书（据当时团中央组织法，秘书为主要负责人——引者注）等，是广东最早从事青年团工作的重要领导人之一。

▲1922年9月，阮啸仙与冯菊坡等人在广州创办"爱群通讯社"。图为阮啸仙（左）与冯菊坡（右）的合影（由广东省档案馆提供）

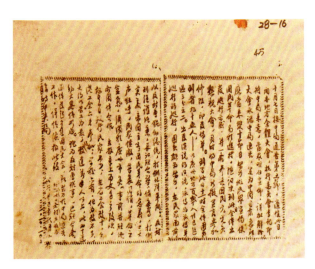

▲1923年10月10日，阮啸仙以代行团粤区书记的名义向团中央报告广东工作情况的书信手迹

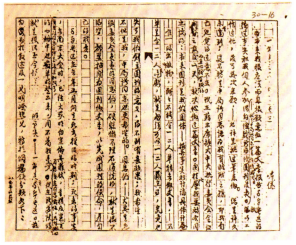

▲阮啸仙于1924年4月4日在上海撰写的《一年来之团粤区》一文手稿

　　▲1924年3月22日至4月1日，中国社会主义青年团在上海召开了第二次中央扩大执行委员会议，时任团广东区执行委员会委员长的阮啸仙参加了会议，并与部分与会者合影留念。图为阮啸仙（前排左二）与邓中夏（前排右一）、夏明翰（前排右二）、刘仁静（后排左一）、黄日葵（后排左三）、恽代英（后排右二）等人合影（由广东省档案馆提供）

▶ 1924年5月初，阮啸仙以团广东区委特派员的身份，到达香港向团香港地方大会传达团中央扩大会议精神。图为5月6日阮啸仙写给时任第二届团中央局委员兼组织部主任邓中夏的书信手迹

▲1924年5月28日至6月1日，团粤区代表大会决议将新学生社改名为"广东新学生社"，并以其作为"本区学生运动之公开机关"。"为进一步谋全国革命的学生群众的大团结起见"，特于1924年11月23日的大会决定将"广东新学生社"改称为"新学生社"。图为阮啸仙（左一）等新学生社主要负责人合影（由广东省档案馆提供）

　　▲1925年6月省港大罢工爆发以后，为了统一组织工人坚持斗争，中共广东区委罢工党团决定设立省港罢工工人代表大会，作为罢工工人的最高议事机关；同时于1925年7月3日成立省港罢工委员会，作为最高执行机关，隶属于中华全国总工会和中共广东区委领导，苏兆征为省港罢工委员会委员长。图为时任中共广东区委委员、农委书记的阮啸仙（左四）与省港罢工委员会部分成员苏兆征（左五）及邓中夏（左六）等合影（由广东省档案馆提供）

　　◀1925年9月24日，在中共广东区委推动下，广州各界群众十万多人在广东大学操场举行声势浩大的集会，阮啸仙被推选为大会主席团成员。大会号召人民与国民政府合作，实现统一广东、肃清反革命目标。图为阮啸仙（右二，穿西服站立者）在大会上讲话（由广东省档案馆提供）

▲阮啸仙（后中）、彭湃（右一）于广州送杨石魂（左一）、张善铭（前中间坐者）赴俄学习前留影（由广东省档案馆提供）

▲从事青年团工作时的阮啸仙（由广东省档案馆提供）

# 第二篇

## 著名农民运动领袖

阮啸仙是大革命时期著名的广东农民运动领袖。"农民见到哈哈笑，地主见到哇哇叫。"这是赞颂阮啸仙的民谣，他与从事农运工作的彭湃、周其鉴、黄学增，被尊称为广东省的"四大农头"。他先后担任中共广东区委委员、农委书记、广东省农协常委、农运特派员等，足迹遍布南粤大地，与农民建立了深厚的革命感情。在国共合作的旗帜下，阮啸仙历任国民党中央农民部组织干事和中央农民运动委员会委员、第一届至第六届广州农民运动讲习所教员和第三届农讲所主任，与毛泽东、彭湃等人一起，为我党培养了一大批农民运动骨干。此外，他还担任中共中央农民运动委员会委员，与毛泽东、罗绮园等三人，同时成为国共两党中央农委委员的共产党人。

▲中共广东区委成立于1922年6月，1924年初改为中共广州地委，1924年10月又改建为中共广东区委（又称"两广区委"）。阮啸仙曾任中共广东地委委员、区委委员、农民运动委员会书记等。图为位于广州市越秀区文明路194—200号的中共广东区委旧址

　　1923年6月，中国共产党第三次全国代表大会在广州召开，大会决定共产党与孙中山领导的国民党合作，建立广泛的统一战线。

　　第一次国共合作以后，国民党中央成立农民部，由共产党员林伯渠任部长，彭湃任秘书。中央农民部名义上是国民党的，但实际工作都是共产党员去做。阮啸仙和彭湃、周其鉴、黄学增等人，以中央农民部农民运动特派员的身份，到花县、顺德等地去发动和组织农民运动，足迹遍及东江、西江、北江流域的广大农村，农民称阮啸仙是"脚上有牛屎的读书人，不是耕田人像耕田人，我们耕田人把他当成自己人"。

▲阮啸仙在广州农讲所时，高度重视学员们的军事训练。他强调"政治训练要与军事教育并重，才能养成全材"。1924年8月下旬，阮啸仙与彭湃、罗绮园等人将第二届农讲所的225名学员编为广东农民自卫军。图为农讲所学员在进行军事操练

▲1924年10月19日，阮啸仙主持花县农民协会暨二区农民协会成立大会，并亲笔为大会题写了一副对联："坚忍卓绝为吾人本色，奋斗牺牲是我辈精神"。图为情景图

为培养农运骨干力量，中国共产党以国民党中央农民部的名义，于1924年7月至1926年9月，在广州举办了六届农民运动讲习所。阮啸仙是第一至第六届农讲所的教员。1925年1月1日至4月3日，国民党中央农民部在广州开办了第三届农讲所，由阮啸仙担任主任。农讲所学员经过系统的国民革命、农民运动的理论学习以及军事训练后，先后被派往各地训练农民自卫军，建立农民协会，有力地支援了北伐战争，被称为"农民运动的推进机"。

▲1925年初，阮啸仙通过关系，设法从石井兵工厂购买了一批枪械，并机智运抵花县，正式组建了花县第一支农民自卫军。图为广东兵工总厂外景（由广东省档案馆提供）

▶1925年5月，广东省农民协会正式成立，阮啸仙与彭湃、罗绮园为常务委员（按协会章程规定，执委会只设常务委员，不设委员长，常务委员即最高领导），负责全权处理会务。图为广东省农民协会旧址（位于广州市东皋大道礼兴街6号）

▲1925年5月，广东省农民协会第一届执行委员合影。后排左三为阮啸仙（由广东省档案馆提供）

1925年5月，广东召开全省第一次农民代表大会，正式成立了广东省农民协会，选举阮啸仙、罗绮园、彭湃3人为常务委员，全权处理会内一切事务。

10月，阮啸仙与彭湃为国民党广东省第一次代表大会共同起草了《关于农民运动决议案》，提出必须撤销民团、商团等地主武装，严惩破坏农民运动的土豪劣绅，迅速组织农民自卫军等紧迫问题。决议案的通过，对广东农民运动的发展起到了重要的指导作用。

11月，阮啸仙来到东征军攻克不久的惠州城，协助指导成立了惠阳县农民协会。在惠阳县3000多人参加的农民代表大会上，阮啸仙代表省农民协会作报告，并为会议起草了《惠阳县农民协会成立宣言》，号召"工农兵学商大联合起来"，"都要一齐起来为自己谋解放"！

1926年1月，为加强对广东各地农民运动工作的指导，广东省农协在潮梅海陆丰、惠州、北江、西江、南路、琼崖6个地区设立了6个办事处，彭湃、周其鉴、黄学增分任潮梅海陆丰、西江、南路办事处主任。中路不设办事处，由阮啸仙负责的省农协直接领导。

2月5日，国民党二届中央执行委员会决定成立国民党中央农民运动委员会，阮啸仙被任命为该会9个委员之一。其他8位委员是：陈公博、毛泽东、甘乃光、宋子文、谭植棠、萧楚女、林祖涵（即林伯渠——引者注）、罗绮园。林祖涵为国民党中央农民部首任部长。

5月1日，广东省第二次农民代表大会在广州举行。阮啸仙代表广东省农民协会，向大会作了《广东省农民一年来之奋斗》的工作报告，为大会制定的各项决议提供了理论和政策依据。会上，阮啸仙还宣读了广东省第二次代表大会《敬告农民书》。大会选举了新的省农协委员会，阮啸仙继续当选常务委员。

▲1926年1月，阮啸仙（左一骑马者）代表广东省农民协会赴东莞石龙参加工农兵学联欢大会（由广东省档案馆提供）

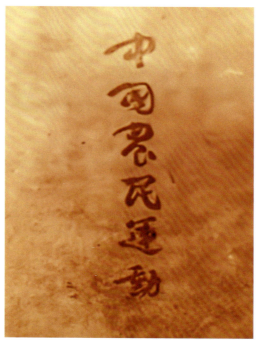

▲1926年阮啸仙著《中国农民运动》一书由省港罢工委员会刊印出版。该书是大革命时期中国共产党领导近代中国农民运动的经验总结，被称为指导当时农民运动的重要作品。图为该书封面

1926年11月，为加强对全国农民运动的领导，中共中央决定，由毛泽东、彭湃、阮啸仙、易礼容、陆沉、萧人鹄和青年团一人共七人组成中共中央农民运动委员会；由毛泽东为书记，以委员一人常驻中央，另在汉口设办事处，以便指导湘、鄂、赣、川农运工作。1927年5月14日，中共中央政治局常委会决定改组中共中央农民运动委员会，改组后的委员由谭平山、毛泽东、陆沉、周以粟、蔡以忱、瞿秋白、任旭、陈独秀、罗绮园、阮啸仙十人组成。由此，阮啸仙与毛泽东、罗绮园三人同时成为国共两党中央农委委员的共产党人。

阮啸仙有农民运动的实际经验，对农民运动理论也颇有研究。他不仅研究广东的农民运动，而且对湖南、广西、湖北、四川、山西、陕西等省的农民运动以及外国的经验材料也做了广泛的研究。他在1926年所著的《中国农民运动》这部著作，全面分析了农村各阶级的经济地位及其对革命的态度，阐明了农民在国民革命中的地位以及工农联盟和无产阶级领导权思想，论述了农民运动的发展规律及其斗争内容，总结了农民运动的政策和策略，是第一次国内革命战争时期中国共产党领导近代中国农民运动的经验总结，是指导当时农民运动的重要作品。这本书得到毛泽东的充分肯定，并被列为由毛泽东任主任的第六届农讲所学员学习的必读教材之一。

▲1926年5月，广东省农民第二次代表大会在广州召开，阮啸仙参与大会的领导工作，并被选为广东省农民协会第二届执行委员会常务委员。图为广东省农民第二次代表大会部分代表合影（由广东省档案馆提供）

　　▲1926年5月，阮啸仙（前排右五，蹲身穿黑衣者）与广东省农民第二次代表大会代表合影（由广东省档案馆提供）

　　▲阮啸仙（右二）与彭湃（左二）、高恬波（右一）、许玉馨（左一）在一起（由广东省档案馆提供）

▲阮啸仙（左）与彭湃在轰轰烈烈的农民运动中结下了深厚情谊（由广东省档案馆提供）

▲阮啸仙（右一）与广东省农协罗绮园、冯菊坡、黄国梁等人合影（由广东省档案馆提供）

▲1925年6月2日，阮啸仙出席广东各界一万多人在广东大学操场举行的援沪示威大会。图为会后参加游行示威中的阮啸仙（队伍后左二穿翻领白衬衫、黑外套者）（由广东省档案馆提供）

▲在国民党中央农民部工作期间，阮啸仙给时任国民党中央妇女部部长的何香凝留下了深刻印象，她在一篇回忆文章中称阮啸仙"为了反对帝国主义，积极努力，百折不挠地做了很多工作，对革命有过不少贡献"。图为何香凝（前排左三）、彭湃（前排右一）等人合影

▲1925年6月23日，沙面租界英国军警突然向在广州举行上海惨案追悼大会后游行示威至沙基的各界群众开枪射击，造成59人被打死、172人受重伤和无数人受轻伤的沙基惨案，广州革命政府要求对英实行经济绝交。图为追悼沙基惨案死难群众时的阮啸仙（中穿白衣裤者）（由广东省档案馆提供）

　　▲1927年2月8日，阮啸仙拍摄的南海农民自卫军协助广三铁路工人击退敌人袭击后凯旋时的照片，照片中的文字为阮啸仙自题："南海农民自卫军保护广三工友凯旋 一九二七、二、八日 阮啸仙摄赠"。这是广东党组织负责人拍摄的最早照片之一，阮啸仙被称为"广东农运摄影开拓者"

　　▲阮啸仙（左一）与彭湃（左三）、黄学增（左二）等在广东省农民协会执行
委员会上（由广东省档案馆提供）

▲阮啸仙在广东省农协工作时的照片（由广东省档案馆提供）

▲广东省农民协会印章。印文（篆体）：广东省农民协会之印

◀1926年2月22日，阮啸仙参加广东省农民协会扩大会议期间留影（由广东省档案馆提供）

　　▲广州农民运动讲习所（第一至第五届农讲所全称为"中国国民党中央执行委员会农民运动讲习所"，第六届全称为"中国国民党农民运动讲习所"），是第一次国共合作时期创办的培训农民运动干部的学校，培养了近800名农运干部。图为广州农讲所学员毕业留影

# 第三篇

## 中共三大、五大、六大代表

　　阮啸仙是连续两次在党的全国代表大会上当选为中共纪检监察机构的组成人员。1927年4月至5月，中国共产党在武汉召开第五次全国代表大会时，仿照苏俄的做法，设立了中共历史上级格最高的纪检监察机构——中共中央监察委员会，选举产生了由7位委员、3位候补委员组成的中共中央监察委员会。阮啸仙虽因病缺席会议，但因其在党内久负盛名，仍当选为候补委员之一。1928年6月至7月，中国共产党在莫斯科召开第六次全国代表大会时，中国共产党将"中央监察委员会"更名为"中央审查委员会"，选举产生了中央审查委员会组成人员，阮啸仙与刘少奇、孙津川3人被选为中央审查委员会委员，其中刘少奇为书记；叶开寅、张昆弟2人被选为候补委员。此后，中共中央纪检监察机构名称虽几易其名，但其正风初心不忘、肃纪使命未改，党的纪律监督工作在漫漫征程中探索前行。

▶ 1923年6月12日至20日，中国共产党第三次全国代表大会在广州东山恤孤院后街31号举行，阮啸仙与谭平山、刘尔崧、冯菊坡作为广东代表出席了大会。图为中共三大会址旧址纪念馆（恤孤院路3号）

▶图为中共五大会址之一——武昌高等师范第一附属小学旧景

1923年6月12日至20日，中国共产党第三次全国代表大会在广州召开，阮啸仙与谭平山、冯菊坡、刘尔崧四人代表广东党组织参加了大会。大会决定中国共产党与孙中山领导的中国国民党合作，建立广泛的统一战线。阮啸仙与到会的多数代表积极支持这一正确主张。大会后，阮啸仙奉命在广州地区协助孙中山做好改组国民党的准备工作。

1927年4月27日至5月9日，中国共产党第五次全国代表大会在武汉举行。阮啸仙与陈延年、彭湃、苏兆征、黄平、李鸣、区梦觉等人一起，被选为广东代表团的中共五大代表。但阮啸仙因肺病咯血和哮喘病复发入颐养院治疗，未出席大会。

▲图为中共五大会址纪念馆大门前所立中央监察委员会组成人员的雕像，右二为阮啸仙

1927年5月9日，中共五大成立了中国共产党成立以来级别最高的党内纪律监督机构——中央监察委员会。来自全国11个省区党组织的代表出席会议，第一次选举产生了中央监察委员会组成人员，由委员7人、候补委员3人组成，他们分别是：中央监察委员王荷波、许白昊、张佐臣、杨匏安、刘峻山、周振声、蔡以忱；候补中央监察委员杨培森、萧石月、阮啸仙。由王荷波担任中央监察委员会主席，杨匏安担任副主席。

▲中共六大上被选为中央审查委员会委员的阮啸仙（由广东省档案馆提供）

　　1928年6月18日至7月11日，中共六大在苏联莫斯科郊外的银色别墅举行。这是中国共产党唯一的一次在国外召开的全国代表会议。阮啸仙与李立三、彭湃、杨殷、苏兆征等16人，作为广东代表团的正式代表参加了会议。6月26日和7月2日，阮啸仙就政治报告和农民与土地问题等作了发言。7月3日，周恩来向大会作军事报告。从周恩来作的军事报告中透露，军事方面还安排了另两个副报告，作为周恩来军事主报告的补充，一个是关于兵士运动的实际方法，由刘伯承作报告；另一个是关于游击斗争的实际经验，由阮啸仙作报告。

▲　中共六大代表阮啸仙
（由广东省档案馆提供）

　　1928年7月8日，大会主席团召开第14次会议，听取了选举委员会对中央委员会51人预选名单的情况介绍，阮啸仙包括在名单之列。但在大会正式选举中，阮啸仙没有被选为中央委员，而是与孙津川、刘少奇一起被选为中央审查委员会委员，叶开寅、张昆弟为候补委员，刘少奇为书记。这个中央审查委员会，实际就是中共五大中央监察委员会的延续，也是今天中央纪律检查委员会的前身。从中共五大的中央监察委员会候补委员，到中共六大的中央审查委员会委员，阮啸仙在其中均发挥了应有的作用。

▲位于离莫斯科市西南约40公里的五一村，现修葺一新的中共六大会议纪念馆外景

▲中共六届一中全会上当选为中央政治局常委的周恩来。在1928年7月3日的中共六大会议上，周恩来向大会作军事报告，阮啸仙与刘伯承分别就游击斗争的实际经验和关于兵士运动的实际方法作副报告，作为周恩来军事主报告的补充

　　大会期间，阮啸仙还对仁化农民武装暴动的斗争情况做了详细的介绍。同时，阮啸仙十分关注会议的进展，并踊跃参加大会各种委员会，先后任大会政治委员会、组织委员会、苏维埃委员会、广州暴动问题委员会委员，工作异常繁忙。特别是阮啸仙在大会上的几次发言，引起了与会代表的热烈反响，受到周恩来等人的高度重视，也引起了前来参加大会的苏联同志的极大兴趣。会后，阮啸仙奉命留在莫斯科，负责整理仁化苏维埃和海陆丰苏维埃的材料，系统地总结了苏维埃政权的经验教训，作为中共六大会议资料存入档案。

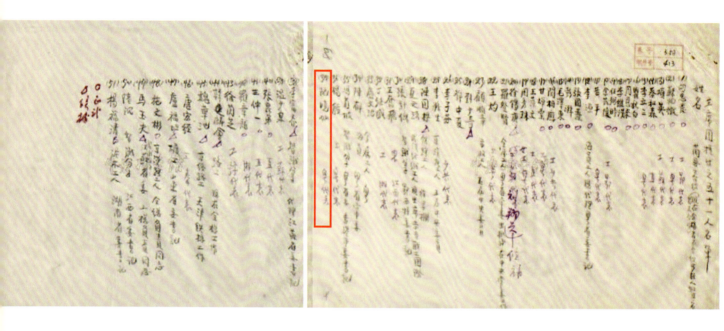

▲中共六大会议主席团推荐的51名中共中央委员名单草案，阮啸仙名列其中，后被选为中央审查委员会委员。图为大会主席团推荐的51名中央委员候备人选，阮啸仙包括在名单之列。右图最左边第37号即为阮啸仙（标红框处），字样为"（37）阮啸仙""粤区代表"（由中央档案馆提供）

◀中共六大会议上，阮啸仙与刘少奇、孙津川一起被选为中央审查委员会委员，叶开寅、张昆弟为候补委员，刘少奇为书记。图为刘少奇

# 第四篇

## 苏维埃政权建设探索者

　　阮啸仙是中共地方党政重要领导人。他于1928年赴莫斯科参加中共六大后，奉命先后赴江西、江苏、河北、天津等地开展工作。阮啸仙抱着革命必胜的坚定信念，以坚韧不拔的革命意志和坚如磐石的理想信念，驰骋大江南北，踏遍逶迤河山，用他的忠诚和担当，用他的辛劳和热血，在中共历史上镌刻了永不褪色的红色印记。

1929年初，阮啸仙从莫斯科回国，返抵上海后，即留在中共中央机关工作。从此，他再也没有回过广东。

1月9日，中共中央讨论了江西省委的工作。根据关于要"巩固并扩大苏维埃区域"和"要健全省委"的指示精神，中央决定委派阮啸仙任江西省委委员、省委常委、宣传部主任。2月，中共南昌区委撤销，南昌市及近郊党组织由江西省委直接领导，先后由省委常委阮啸仙、沈建华、胡子寿等人负责。8月，因中共江西省委常委、秘书长范自成私自离开江西去上海，省委秘书长一职同时由阮啸仙兼任。9月18日，中共中央对江西省委进行改组，沈建华任省委书记，阮啸仙任宣传部部长，欧阳洛任组织部部长，秘书长一职由柳直荀担任。9月26日，由于欧阳洛、柳直荀被派往湖北省委工作，中央政治局又再次决定，阮啸仙改任组织部部长，宣传部部长由吴道一接任。11月下旬，江西省委遭敌特破坏，省委书记沈建华等党的负责干部、共产党员和共青团员300余人被捕杀害，阮啸仙因一周前与省委农委书记王凤飞事先到上海向党中央汇报工作，而幸免于难。

▶1927年4月15日，广州地区发生反革命大屠杀。正在粤北指导农运工作的阮啸仙闻讯即潜回广州，数天后，秘密转移至香港。图为阮啸仙在香港时留影（由广东省档案馆提供）

◀ 位于仁化董塘安岗的谭氏祠堂"思诒堂"，中共仁化第一届县委诞生于此，阮啸仙为书记。1928年1月中旬，阮啸仙奉广东省委派遣，离开香港到达韶关北江特委，负责组织发动仁化暴动

▲1928年2月10日，阮啸仙在董塘主持召开全县各方代表和全区群众大会，在董劝书院正式成立了仁化县革命委员会，蔡卓文任主席，下设参谋团，指挥全县农民武装。图为董劝书院外景

▲1928年2月13日，阮啸仙与蔡卓文等率领农军攻占仁化县城，并发布《革命委员会政纲》和《暴动宣言》。图为仁化县政府旧址

▲1928年2月20日，仁化县长郜重魁勾结国民党范石生部的16军46师136团当地反动武装2000余人攻打农军，其中1000余名国民党正规部队和地主、土匪武装攻击安岗华阳寨，阮啸仙带病坐镇指挥，因敌众我寡失败告终，阮啸仙被人护送安抵北江特委。图为华阳寨保卫战残墙

▲根据阮啸仙的指示，华阳寨失守后，部分农军与石塘的工农革命军汇合，投入到保卫双峰寨战斗中，坚持10个月之久。中共广东省委称华阳、双峰两寨战斗为"农民暴动中最伟大的战斗"。图为双峰寨保卫战旧址

1930年春，阮啸仙奉调中共中央宣传部工作。3月下旬后，根据中央指示，阮啸仙主要分工负责理论宣传方面的工作。至5月下旬，短短两个月左右时间，阮啸仙集中研究了中国苏维埃问题，连续撰写发表了11篇文章，全面分析了大革命失败后中国的政治、经济形势，对建立红色革命政权的必要性、重要性和可能性以及斗争的中心策略等重大问题进行了具体的阐述，对中国共产党关于农村革命根据地理论的创立和形成作出了积极的贡献。

▲废寝忘食的阮啸仙（由广东省档案馆提供）

5月20日至23日，中共中央与中华全国总工会在上海秘密召开全国苏维埃区域代表大会。阮啸仙化名"王宏"，担任大会秘书长，负责大会日常事务，并向大会作《关于苏维埃组织法报告》。

6月，中央政治局会议决定成立中共中央北方局，阮啸仙被委任组织部部长（未到任）。9月中旬，阮啸仙奉命从江苏徐州返回上海后，迅即又被派赴天津工作，化名"阮笑仙"，任中共中央北方局委员。10月4日，阮啸仙改任组织部部长。12月下旬，中央决定，撤销中共中央北方局、顺直省委，同时成立中共河北省委，执行原北方局职权，省委领导成员做了调整，贺昌由北方局书记改任省委委员，中共河北省委由卢福坦、陈宗道、阮啸仙等人组成，卢福坦为书记，卢未到之前，暂由阮啸仙代理。

1931年2月5日，河北临时省委成立，改由徐兰芝为书记，阮啸仙由代理书记改任军委书记。4月8日，中共河北临时省委在天津正准备召开全体常委会议，突然会场所在地的省委招待处被国民党特务包围，新任临时省委书记徐兰芝等省委领导人及机关干部13人被捕。同一天，国民党当局又从原紧急会议筹备处分子李延瑞家，将正在召开会议的张金刃、韩连会等分裂骨干分子11人逮捕。徐兰芝被捕后叛变，向国民党当局供出了中共河北省委的组织机密，使中共河北省委遭到自成立以来第一次大破坏，史称"四八事变"。当天，阮啸仙正遇哮喘"病发"，因"迟到五分钟"，"即见有两武装巡捕从招待处出来，知有事"而未前往，在召开会议的省委驻地招待处大门口，躲过武装巡捕的盘问后，拖着病体，迅即逃离，幸而逃过此劫。

4月10日，阮啸仙赶回天津，与省军委书记廖划平商议，一方面向中央报告省委遭破坏情况，并请求"派一名书记和宣传"到河北；另一方面紧急转移至北平，主动召集在北平的省委委员开会，与省委委员刘锡五等3人组成临时中共河北省委，再次代理省委书记，继续坚持工作。同时，为避开天津国民党当局注意，防止省委机关遭到进一步破坏，阮啸仙决定临时省委机关迁往北平。

5月8日，中共河北临时省委在北平召开常委会议，决定成立正式省委，由中共中央派来的殷鉴任书记，阮啸仙又改任省委常委、组织部部长，结束了第二次为期约一个月的代理书记。

▲1929年初，阮啸仙从莫斯科回国，先在上海中共中央机关工作，2月奉命被派往南昌，先后任中共江西省委常委兼宣传部主任（部长）、秘书长、组织部部长等职。图为中共江西省委旧址

1931年6月26日，中共河北省委、团省委、军委、互济会及北平市党团组织又一次遭敌大破坏，殷鉴、薄一波、廖划平等20多名领导干部被捕，阮啸仙因外出巡视再次逃过一劫，后改任中共河北省委委员。7月后，他以中共河北省委巡视员身份，赴沈阳指导满洲省委工作。

▲1930年春，阮啸仙奉命调中共中央宣传部工作，其间写下了11篇政论文章在中共中央机关报《红旗》发表，对红色苏维埃政权理论的创立和形成作出了积极贡献。图为位于现上海市虹口区四川北路1649弄（安慎坊）32号的中共中央宣传部旧址

▲在中共中央宣传部工作时的阮啸仙（由广东省档案馆提供）

1931年11月12日，由于叛徒出卖，河北省委代理书记马星荣等人被捕，河北省委遭到第三次大破坏。正在沈阳执行巡视任务的阮啸仙又躲过一劫！阮啸仙逃脱敌特魔爪后，立即通知城内已暴露身份的共产党人化整为零，分散隐蔽，伺机行动。面对省内绝大部分党组织遭敌破坏的严峻现实，在与满洲省委和河北省委机关均失去联系的情况下，阮啸仙决定只身冒险潜回上海，向党中央请示汇报下一步的工作。

约12月，阮啸仙扶病抵沪，得一石姓工人相助，住生泰旅馆。因上海党中央机关转移，阮啸仙与党组织失去联系。在一次外出寻访党中央机关时，阮啸仙旧病复发，倒于路上，不省人事，幸遇路人帮忙，才入海格路红十字医院。当得知阮啸仙是"家远不得归之难民"后，医院才"准照免费规例"为其诊治。

▲1930年7月，阮啸仙化名"王洪"，任江苏徐海蚌总行动委员会书记，组织发动农民暴动，组建中国工农红军第十五军。7月23日，阮啸仙与鹿世昭、鹿卓继等人率领100余名暴动队员，发动了吴窑暴动，打死敌乡长鹿世任，缴枪20余支，并镇压了一批民愤极大的地主恶霸。图为吴窑暴动旧址

▲1930年12月，中共中央北方局撤销，成立中共河北省委，执行原中央北方局职权，由阮啸仙代理河北省委书记。图为中共河北省委机关旧址（天津市和平区营口道三道里21号）

▲1930年10月4日，中共中央决定了中央北方局组成人员，任命贺昌为书记、阮啸仙为组织部部长。图为位于天津的中共中央北方局旧址纪念馆外景

　　1931年12月27日，阮啸仙在穷困潦倒、贫病交加和随时随地有生命危险的情况下，写信给老家下屯族叔阮镜波及族中几位兄长，请求给予接济，并暗示要继续寻党组织。收到家中汇款后，阮啸仙立即谢别了热心资助的石姓工人，利用对上海环境熟悉的有利条件，继续四处秘密打听党组织的下落，直至翌年初才与中共临时中央取得联系，终于回到了党的怀抱。

　　1932年6月，阮啸仙化名"晓山"，奉命以江苏省委巡视员身份赴北平，督促河北省委贯彻北方各省委代表联席会议决议。7月中旬，阮啸仙又以中共江苏省委巡视员身份，再次奔赴徐州，指导发动徐州地区创建苏维埃区域斗争。

　　▲阮啸仙积劳成疾，常年患哮喘病和肺结核。图为在病中仍坚持工作的阮啸仙（由广东省档案馆提供）

▲1930年3月29日，阮啸仙发表在中共中央机关报《红旗》上的文章——《组织地方暴动的意义》

▲1930年5月，阮啸仙主持编辑的《中国苏维埃》一书，由中共中央机关内部发行。为确保安全，该书以《民权初步》作伪装封面，由上海三民公司印行。该书收录了阮啸仙在中宣部工作时所撰写的《中国为什么有苏维埃》《怎样建立与巩固苏维埃的组织》两篇文章。图为伪装的封面

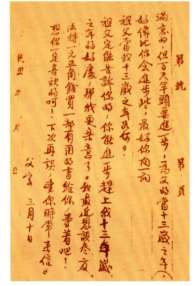

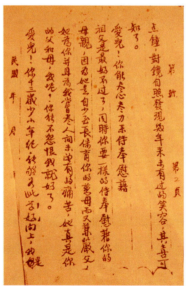

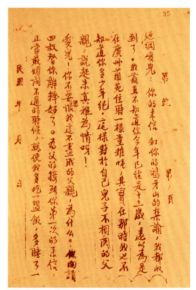

▲1932年11月中旬，全国互济总会成立，邓中夏任主任兼党团书记、左洪涛任秘书长兼组织部部长、阮啸仙任救援部部长。图为1933年3月10日，阮啸仙给儿子阮乃纲的回信手迹（由河源市烈士陵园提供）

▶阮啸仙的妻子徐琼荷与儿子阮乃纲在广州时留影（由阮啸仙孙阮钦彤提供）

　　1932年冬，中共中央决定调邓中夏到上海担任全国赤色互济总会主任兼党团书记，左洪涛任秘书长兼组织部部长，阮啸仙担任救援部部长，协助邓中夏从事救援被捕同志和安置救济烈属等工作。

　　1933年5月中旬，邓中夏不幸被捕。阮啸仙再次上门找宋庆龄及蔡元培、沈钧儒、史良等人，设法援救邓中夏出狱，并请史良出面辩护。但同时被捕的互济总会援救部干事林素琴（又名林月英）叛变，出卖了邓中夏，致使他的身份暴露而牺牲。

　　邓中夏牺牲后，互济总会由左洪涛接任党团书记兼主任。考虑到阮啸仙是一名著名的共产党员，目标很大，不再适宜在白色恐怖下的上海工作，在阮啸仙的请求下，上海中央执行局同意将他调往中央革命根据地工作。

▲20世纪80年代初，阮啸仙妻子徐琼荷与儿子阮乃纲在广州家门前合影

# 第五篇

## 人民审计事业奠基人

　　阮啸仙是中华苏维埃共和国中央审计委员会主任，人民审计事业的奠基者。在"一苏大会"和"二苏大会"时，他先后被选为第一届和第二届中央执行委员会委员、中央审计委员会主任，担负着中央苏区经济审查等重要职责，与毛泽东、朱德、张闻天、董必武等人一起，共同参与中华苏维埃共和国的领导工作。他领导中央审计委员会的同志们，根据审计条例，卓有成效开展各项审计，查处贪污腐化分子，把苏维埃政府建设成为"空前的真正的廉洁政府"，为中央苏区经济建设和红色政权的巩固作出了卓越功勋！

# 一、审计奠基

1933年秋，受党中央的委派，在上海任全国互济总会救援部部长的阮啸仙，由中央交通员带领，风餐露宿，几经辗转，来到了他向往已久的中央苏区中心——江西瑞金。

中央苏区是毛泽东、朱德率领红四军从井冈山突围转战赣南闽西后，与蒋介石为首的国民党军队浴血奋战，粉碎了敌人一次又一次惊心动魄的反"围剿"斗争后，开创的全国最大的农村革命根据地。1931年11月，正当中华民族处于危难之际，毛泽东在瑞金建立了新型的工农兵红色政权——中华苏维埃共和国临时中央政府，使全国处在水深火热之中的人民在茫茫黑夜中看到了一缕曙光。

11月7日，在瑞金叶坪村召开了举世闻名的中华工农兵苏维埃第一次全国代表大会（即"一苏大会"），毛泽东被推选为中央执行委员会主席和中央人民委员会主席。阮啸仙虽在白区工作，并未参加会议，但因其在党内久负盛名，仍被大会选为63位中央执行委员会委员之一，与毛泽东、朱德、张闻天、董必武等人一起，参与中华苏维埃共和国的领导工作。

▲江西瑞金远眺图

▲瑞金县叶坪村谢氏宗祠是"一苏大会"（1931年11月7日至22日）会场及苏维埃临时中央政府机关办公旧址

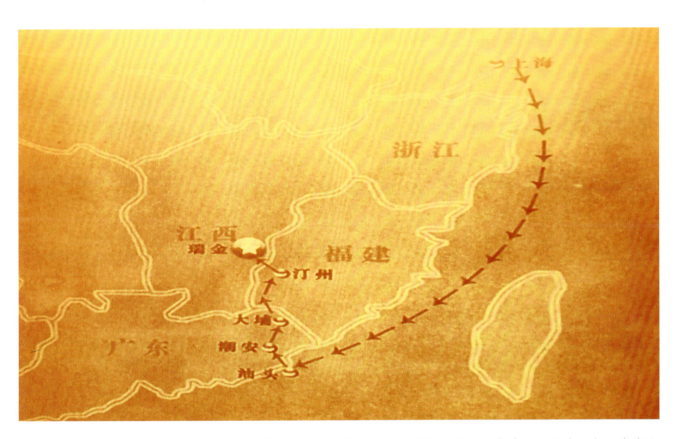

▲1933年秋冬，阮啸仙与时任全国海员总工会负责人的冯燊一起，在中央交通员的带领下，奉命离开上海前往江西瑞金中央革命根据地。图为阮啸仙从上海赴中央苏区线路图

中华苏维埃共和国中央执行委员会，驻扎在沙洲坝村一座叫元太屋的普通土墙瓦屋里。毛泽东、贺子珍夫妇就住在这里。屋右侧不远处是人民委员会，里面住着张闻天等人；左侧不远处，有一幢杨氏宗祠，名叫廉太厅下，分上下两厅，左右两侧各有几间耳房，阮啸仙被安排住在右耳房一间约10平方米的土屋里。

刚安顿下来，阮啸仙就遇上了他十分敬仰、专门前来看望老战友的毛泽东。早在1923年6月，毛泽东作为湘区的代表，来到广州参加中共三大。也就是在那次会议上，毛泽东第一次认识了既是大会代表，又是会务筹备工作人员的阮啸仙。1926年5月，毛泽东在广州番禺学宫主办第六届农民运动讲习所时，还邀请了阮啸仙为该期学员授课。从此，两人结下了诚挚的革命情谊。

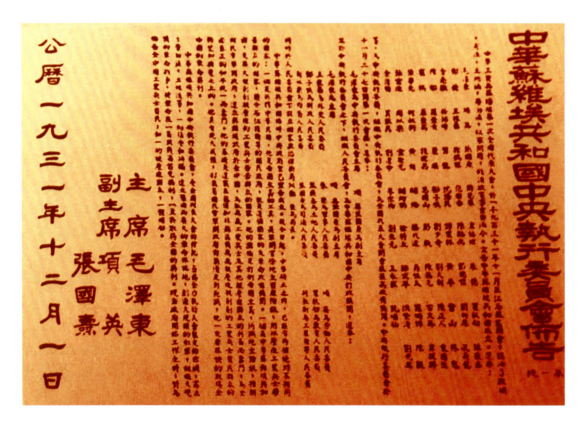

▲1931年12月1日，由中华苏维埃共和国中央执行委员会主席毛泽东、副主席项英和张国焘共同签署的《中华苏维埃共和国中央执行委员会布告第一号》

▲时任中华苏维埃共和国中央执行委员会主席的毛泽东（右站立者）

▲位于瑞金沙洲坝村的临时中央政府大礼堂旧址

▲位于瑞金沙洲坝村杨氏宗祠廉太厅下的中央审计委员会旧址，也是阮啸仙办公及住地

　　阮啸仙来到了向往已久的中央苏区，见到了久别重逢的老战友，心情异常兴奋和激动。尤其是了解到毛泽东在中央苏区遭到王明"左"倾领导人的打击排挤，其在党内和红军中的领导职务全部被撤销，只保留了苏维埃中央政府主席一职后，仍然忍辱负重，领导苏区人民开展经济建设，支援红军前线，阮啸仙对毛泽东更是肃然起敬。

　　根据毛泽东的提议，阮啸仙对中央苏区经济状况进行了调查研究。几天下来，阮啸仙对苏区财经状况有了初步掌握。他了解到，随着中央革命根据地的巩固和发展，苏维埃政府领导苏区人民克服了国民党残酷军事"围剿"和严密经济封锁所造成的严峻困难，大力发展工农业生产，组织赤白贸易往来，初步建立了财税金融架构，苏区经济开始出现转机。但苏区日常必需品极度匮乏，广大军民的生活仍异常困难。

▲中央审计委员会主任阮啸仙的办公室兼卧室

中华苏维埃共和国组织系统图
(1934.2)

中央执行委员会
(委员 175 人候补委员 36 人)
主席 毛泽东 副主席 项英 张国焘

- 临时最高法庭（主席 董必武）
- 中央审计委员会（主任 阮啸仙）
- 人民委员会（主席 张闻天）

工农检察委员会
教育人民委员会
内务人民委员会
司法人民委员会
粮食人民委员会
国民经济人民委员会
财政人民委员会
土地人民委员会
劳动人民委员会
军事人民委员会
外交人民委员会

毛泽东

董必武　　阮啸仙　　张闻天

　　▲中华苏维埃共和国第二次全国苏维埃代表大会（即"二苏大会"）后，以阮啸仙为主任的中央审计委员会改由中央执行委员会直接领导，与以张闻天为主席的人民委员会和以董必武为主席的临时最高法庭平行并列，标志着中国共产党领导下的人民审计事业翻开了新的一页

▲中华苏维埃共和国中央执行委员会印章

苏区内部的一些情况也令阮啸仙深感不安。随着调查的不断深入，阮啸仙发现，1933年9月15日经中央人民委员会49次会议讨论决定实施新的财政计划执行效果并不理想，特别是所任命的高自立、梁柏台、吴亮平3位审计委员都是身兼多职，这时期审计工作虽有所开展，但审计工作受到较大的局限。更令人气愤的是，少数混进革命队伍的投机分子，胆大妄为，利用职务之便，涂改账目、假造凭证、贪污公款、中饱私囊；甚至有个别工农出身的干部，官僚习气滋生蔓延，也出现了贪图安逸、奢侈浪费和贪污腐化现象，有些情况令人触目惊心！

中央苏区财经管理工作中出现的诸多问题，令初入瑞金的阮啸仙深感忧虑和焦急。经过几个昼夜的思量分析，慢慢地，一套治理苏区财经混乱状况的初步方案在阮啸仙的脑海中成型。于是，他将此详细地向毛泽东作了汇报。他认为，要确保苏区党政机关和军队的供给，必须千方百计发展苏区经济，想方设法增加苏维埃政府的财政收入；对工厂的公账应当每月向工人公布，或是由工人与工会派代表来审查，每月不要有了结算就放心，工厂负责者与该厂上级机关应当详细审查结算，在机关及厂矿要真正建立和实行严格的会计结算制度；健全审计机构，制定审计法规，规范财经行为，更好地保障苏维埃财经政策的充分执行，使财政收支更适合于革命战争之需要；只有加紧反对腐化，反对官僚主义和形式主义，才能更有力地彻底消除贪污现象！

阮啸仙的想法，得到了毛泽东的充分肯定和大力支持。关于健全完善人民审计制度的建议，也引起了中央和苏维埃政府其他领导的高度重视。毛泽东认为，这种人民审计制度，必须尽快以苏维埃政府法律的形式确立下来！

1934年1月22日，中华苏维埃共和国第二次全国苏维埃代表大会在瑞金沙洲坝隆重召开，阮啸仙作为正式代表出席了大会。大会决定，将原隶属于人民委员会的"审计委员会"，重新组建直属于中央执行委员会的"中央审计委员会"，并在大会通过的《中华苏维埃共和国中央苏维埃组织法》中，第一次将中央审计委员会的隶属关系、机构组成、主要职责、工作流程及人员配备等以法律形式确立下来。阮啸仙也在此次会议上再次当选为中央执行委员会委员。

▲中央审计委员会委员高自立　　　　▲中央审计委员会委员梁柏台　　　　▲中央审计委员会委员吴亮平

中央审计委员会的成立，标志着苏维埃共和国审计机构地位的嬗变提升。"一苏大会"后，也就是1932年8月，曾在人民委员会下属的财政人民委员部内，设立了一个审计处，职责是"掌管关于总预决算的审核，簿记之检查及审核国家预备之支出、国库现金及存款事项"；1933年9月15日，人民委员会49次会议决定，成立了以中央工农检察部副部长高自力、中央内务部副部长梁柏台、中央国民经济部代部长吴亮平3人兼职为委员的"审计委员会"，隶属于人民委员会；"二苏大会"时，决定成立"中央审计委员会"，规定其直接由中央执行委员会领导，与中央人民委员会、临时最高法庭并列，其成员由中央执行委员会主席团委任。在不到两年的时间里，中华苏维埃共和国对审计体制的重大改革，从先后隶属财政部、人民委员会，到直属中央执行委员会，体现了苏维埃共和国的决策者们既是出于对苏区财政经济工作形势的考虑，也是为了建设清正廉洁苏维埃政府之需。

2月3日，毛泽东主持召开第二届中央执行委员会第一次会议，并被推选为中央执行委员会主席，不再兼任人民委员会主席。人民委员会主席由张闻天接任，阮啸仙被选为中央审计委员会主任。

▲1934年2月12日出版的《红色中华》第148期第1版刊载的由毛泽东于2月3日签发的《中华苏维埃共和国中央执行委员会布告第一号》，公布了第二届中央执行委员会委员、候补委员名单和中央政府机构及各部门领导人员名单，阮啸仙被选为中央执行委员会委员和中央审计委员会主任

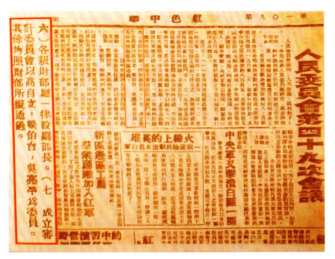

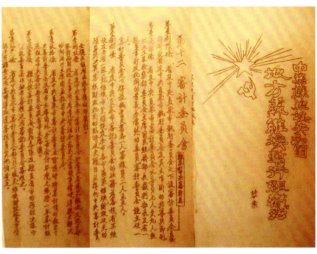

▲图为1933年9月15日出版的《红色中华》第109期第2版刊登的中央人民委员会关于决定成立审计委员会的相关报道

▲1933年12月12日颁布的《中华苏维埃共和国地方苏维埃暂行组织法（草案）》第二章第十二节中，详细规定了地方苏维埃政府设立审计委员会的相关要求。图为油印的《中华苏维埃共和国地方苏维埃暂行组织法（草案）》局部内容

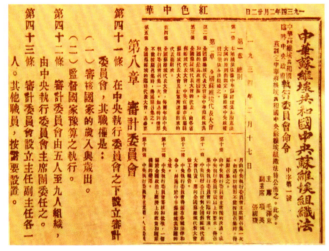

▲1934年2月22日出版的《红色中华》第153期第5至6版刊登的《中华苏维埃共和国中央苏维埃组织法》有关成立中央审计委员会的规定

▲1934年1月24日下午至25日上午，时任中华苏维埃共和国中央执行委员会主席的毛泽东（右站立者）在"二苏大会"上作工作报告

▲出席"二苏大会"的全体代表在位于瑞金沙洲坝村的中华苏维埃共和国临时中央政府大礼堂门前合影

▲出席"二苏大会"的部分代表合影

1934年2月初，阮啸仙到中央审计委员会走马上任。中央审计委员会与人民委员会、临时最高法庭并列，是在以毛泽东为主席的中央执行委员会直接领导下的权力机构之一。其主要职责是审核国家的年度收入与支出，监督国家预算之执行。考虑到苏区经济困难，条件有限，阮啸仙决定把中央审计委员会的办公场地定在自己的住地（廉太厅下），并把挑选审计人员条件、近期工作安排等问题，详细地向毛泽东做了汇报。毛泽东对阮啸仙的安排表示满意，阮啸仙十分感谢毛泽东的信任。

▲ "二苏大会"时"中央苏区六大建筑"之一——红军烈士纪念塔

▲ 中央审计委员会在瑞金沙洲坝的旧址外景

◀ 中央审计委员会旧址

## 二、审计条例

"没有规矩，不成方圆。"

为确保审计工作有法可依，阮啸仙上任后的第一件事，就是对审计工作建章立制。他先后拜访了人民委员会主席张闻天，以及高自立、吴亮平等原审计委员会兼职委员，走访了财政部、国民经济部、内务部、工农检察部、裁判部以及国家部分企业负责人，进行广泛深入的调查研究。尤其是数次专程拜访了对法律法规有深厚造诣、时任中央司法部部长，被誉为"红色法律专家"的梁柏台。由于他虚心请教，勤于思考；又注重实际，借鉴吸纳，经过几个昼夜的反复推敲和修改，一份条理清晰、规则明确、程序便捷、操作性强的审计规章，终于草拟完成。

几天后，也就是1934年2月20日，毛泽东主持召开中央执行委员会主席团会议，审查通过了由阮啸仙组织起草的这份审计规章，并被正式定名为《中华苏维埃共和国中央政府执行委员会审计条例》。当天，中央执行委员会以"中字第二号"命令的形式，由主席毛泽东和副主席项英、张国焘共同签发颁布。

▲1934年2月20日，由毛泽东和项英、张国焘签发命令，颁布《中华苏维埃共和国中央政府执行委员会审计条例》，命令称："中华苏维埃共和国中央政府执行委员会命令（中字第二号），兹制定审计条例公布之此令。主席毛泽东，副主席项英、张国焘，一九三四年二月二十日。"图为该条例封面（根据"陈诚档案缩微胶卷"复制件翻印）

▲中央审计委员会印章（仿制品）

　　这份条例，共19条30款，是中华苏维埃共和国颁布的第一部完整的审计法律文献。它明确规定了中华苏维埃共和国审计机关的体制职能、权限范围、程序规则、报告制度，以及规范审计的表格和簿记等，具有较强的针对性和可操作性。条例的颁布实施，标志着中央苏区的审计工作开始步入了依法审计的轨道。

　　接着，阮啸仙开始着手挑选审计人员。他把出身贫苦，有一定的文化和财会知识，能坚持原则、公道正派、敢于斗争、刻苦耐劳的年轻干部选入审计机关，并进行严格教育培训。为确保审计结果的客观公正，阮啸仙在广泛调研基础上，亲自制定了审计工作人员"六不准"的工作纪律，要求每个审计人员都要熟记和坚决执行。据当时曾做过审核员的廖德周等老同志回忆，审计"六不准"的大致内容是：不准偏听偏信；不准弄虚作假；不准漏查和做不精确统计；不准徇私用情；不准吃馆子或吃公饭，外出审查一律自带干粮；不准收受被审人员任何物品。

　　与此同时，阮啸仙找到中央执行委员会和人民委员会领导，请求中央政府按中央和地方《苏维埃组织法》与《审计条例》的规定，在省及中央直属县（市）尽快依法建立审计组织。

　　在毛泽东、张闻天等领导的关心重视下，中央苏区内的江西省、福建省、粤赣省以及瑞金直属县，都纷纷相应成立了审计分会，并开始有序地开展了各项审计工作。

## 三、预算审计

"监督国家预算之执行"，这是中央审计委员会的法定职责。阮啸仙亲自带领审计人员，先后检查了中央人民委员会属下的劳动部、土地部、财政部、国民经济部、教育部、司法内务部、粮食部、工农检察部和总务厅等"中央各部"的账目，以及粤赣省、福建省和中央直属县瑞金苏维埃政府的财政预算。通过严格的经济审计，"并帮助编制预算决算"，促进了苏维埃共和国财经制度的建立和完善。

在对中央政府各部3月份预算进行审计后，阮啸仙指示工作人员将审计情况形成书面审计报告，及时向中央执行委员会主席团汇报。这份由阮啸仙亲自审签的《中央审计委员会审查三月份中央政府预算的总结》，实事求是，言简意赅，旗帜鲜明地褒扬成绩，实事求是指出存在问题。审计报告认为，中央审计委员会对中央政府3月份的预算审计发现，当月编制的预算都能按照工作实际需要，"详加核减""以前随便开列数字的现象基本没有了"，认为"这是预算确立过程中的大进步"。审计发现，中央各部在响应苏维埃政府号召，注重改善工作方式、裁减不必要工作人员等方面均取得了较好成绩。审计报告认为，中央各部除新成立的粮食部外，3月份比2月份减少了169人，裁减结果是，"各部门的工作方法改善了，工作的情绪比前紧张了，劳动纪律提高了"，并热情洋溢地表扬了中央劳动部从细微之处抓节省的典型。

▲位于会昌县文武坝的粤赣省苏维埃政府旧址

▲1934年3月22日出版的《红色中华》第165期第3版刊登的《中央审计委员会审核粤赣省三月的预算的总结——给粤赣省苏主席团一封信》

在充分肯定成绩的同时，审计报告还严肃指出了一些部门不重视建立预决算制度、阶级警觉性不够高、一些工农出身干部不懂财经管理等问题。

审计结束后，阮啸仙带领审计人员，又召集部门领导及财务管理人员开会，强调实行编制预算的重要性。各部门领导意识到问题的严重性，在审计人员的帮助下，普遍加强了相关财经管理，并及时建立了预算决算制度，财务混乱的状况得到遏制。

由阮啸仙亲自组织和审签的这份对中央政府预算的审计报告，在3月17日的《红色中华》第163期第3版显要位置公开发表，首启了审计结果在媒体公布之先河，并由此作为一种制度予以坚持，从而扩大了社会影响，树立了国家审计权威。

《审计条例》规定，地方苏维埃的预决算列入中央审计委员会的"审计事项"。为此，在审计中央政府部门的同时，阮啸仙扩大了预决算审计的覆盖面，组织开展了对省级和中央直属县苏维埃政府预算执行情况的审计。

▲1934年4月5日出版的《红色中华》第171期第3版刊登的《中央审计委员会稽核瑞金经济开支的总结》

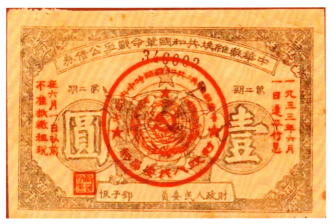

▲为了粉碎国民党对中央苏区的军事"围剿"和经济封锁，中华苏维埃共和国于1932年7月1日和11月1日发行了两期共180万元革命战争公债以筹集战争经费。图为票值1元的革命战争公债券

▲为了粉碎国民党对中央苏区的军事"围剿"和经济封锁，解决战事军需，中华苏维埃共和国1934年春在中央苏区辖区内发行了一种名为"借谷票"的票证，面值有1000斤、500斤、100斤和50斤四种。图为中央粮食部印制的面值50斤的借谷票

粤赣省是时属中央苏区四个省份之一。在对粤赣省3月份预算的审查中，阮啸仙发现存在问题较严重。他十分着急，当即以中央审计委员会的名义，给粤赣省苏维埃主席团写了一封信，开门见山指出存在的问题，主要有：预算没有按照人民委员会的命令核减省、县、区、乡苏维埃工作人员；预算没有遵照人民委员会节省30%的指示，反而超过2月份的预算；预算编报不及时。审计还发现，粤赣省审计委员会虽然建立起来，但没有"真正地工作起来"，对预算也"未有尽到它的作用"等。

对于这些问题，阮啸仙给予了严厉的批评。指出未按命令核减工作人员和开展节省运动，认为粤赣省苏维埃政府领导"似乎没有接到人委会第一号指示一样""这样忽视上级命令，忽视节省一个铜片为着战争的意义，尤其于都的贪污浪费，还未有引起你们的警觉，不能不使我们视为惊奇的事！"

▲福建省苏维埃政府在长汀城的机关旧址

瑞金是中华苏维埃共和国的驻地，也是中央苏区政治、经济与文化的中心。作为中央苏区直属县的瑞金县，落实中央节省指示怎样，财政预决算制度执行如何，将对各级苏维埃政府起到重大影响和示范作用。为此，阮啸仙指示审计人员，对瑞金县苏维埃政府进行了财政预决算审计，并及时出具了审计报告。

该审计报告认为，瑞金县反贪污浪费斗争"已得到很大成绩"，并从节省经费、裁减人员、节省粮食等方面，做出了令人信服的分析比较，认为之所以能取得这些成绩，主要是因为"谁能坚决执行党和政府的正确策略，谁就在各个战线上达到应有成绩"。

与其他审计报告一样，该报告也客观指出了瑞金县工作中存在的不足。如区一级虽有决算，而预算由县苏维埃代做；节省运动还没有深入到区和乡，裁减人员没有与改善工作方式、增加工作效能结合起来；反贪污浪费教育还应继续深入等。

特别是在反贪污浪费方面，审计报告中不仅肯定了瑞金县已"追缴贪污款子六千多元"的成绩，更难能可贵的是，对瑞金里预防贪污浪费发生的原因和方法进行了分析。

审计报告认为，要"保证贪污现象不继续发生"，就要"把发生贪污的根源，如官僚主义的领导方式，豪绅地主阶级恶报性的遗留，与阶级异己分子隐藏在苏维埃做经济破坏等；和防止贪污的方法，如建立正确会计制度，号召工农学习管理自己的财政，和群众审查监督财政等，来教育广大群众，造成群众运动的热潮"。

福建省苏维埃政府是中华苏维埃共和国临时中央政府时直属的四个省级苏维埃政府之一。1932年2月18日在福建长汀县城成立，内设有财政和土地、劳动、军事、工农监察、内务、文化、教育、裁判等部。福建省苏维埃政府首任主席为张鼎丞，副主席为阙继明、张思垣。继张鼎丞之后，钟循仁、吴必先曾先后担任福建省苏维埃政府主席。苏维埃政府驻地在福建长汀，先后管辖长汀、宁化、上杭、龙岩、永定、武平等20个县级苏维埃政权。

▲ 阮啸仙发表在1934年6月19日出版的《红色中华》第204期第三版上的公开信

　　1934年6月上旬，中央审计委员会接到福建省苏维埃政府财政部的申诉材料，主要反映其"三月以前行政费透支"情况，详细解释"省苏本身三月份不但未有……节省行政经费百分之三十，恰恰相反，比二月超过百分之三十以上，比中审委本月核定数超过百分之七十以上"的所谓理由。阮啸仙看完申诉报告，要求审计人员尽快弄清事情真相。

　　按照中央、地方苏维埃《组织法》和《审计条例》规定，各级苏维埃对苏维埃机关的预算决算，须严加审查。并特别规定，"省及中央直属县、市的预决算由中央审计委员会分会审查，然后送中央财政委员部，由中央财政委员部汇集加以审查后，送到中央审计委员会"，并要求"预算须于五天内审查完毕，决算的审查期亦不得超过十天"。为此，福建省苏维埃政府的财政预决算情况，必须先送中央审计委员会分会和中央财政委员部初审后，再送中央审计委员会最后审定。

　　1934年6月13日晚上，阮啸仙在办公室兼住地，就着昏暗的樟油灯，给福建省苏维埃政府负责同志写了回信。信中，阮啸仙严肃批评了福建省苏负责同志不执行上级命令还四处寻找理由的荒唐行为，态度严肃，措辞严厉。中央审计委员会机关的同志们看信后，都觉得有理有据、切中时弊，建议在报纸上公开发表。

　　阮啸仙接受大家建议，将此信内容做了个别修改，署上自己名字，并加了一个题目，送《红色中华》编辑部。几天后，也就是6月19日，号称"苏区第一大报"的《红色中华》第204期第3版，全文刊登了阮啸仙这封题为《把"节省每一个片，为着战争，争取前线上的胜利"提到福建省苏面前》的公开信。

　　这封公开信，面对福建省苏维埃负责同志提出的"行政经费透支理由"，阮啸仙严肃批评说，"这显然是不成理由的理由，正是一幅浪费的画图"，这充分暴露了一些同志"自己对苏维埃、对中央命令采取不尊重态度！""当着'死亡或者胜利'的决战关头，我们没有时间找别的话向省苏说了，只有把'节省每一个片，为着战争，争取前线上的胜利'提到省苏面前！"

　　阮啸仙的批评，引起了福建省苏维埃政府的高度重视。在阮啸仙等人的大力督促下，福建省苏维埃政府针对财政预算和节省运动中存在的问题，举一反三，迅速整改。同时，阮啸仙的这封公开信，及时消除了部分人员在节省运动中的消极侥幸心理，也打消了一些基层领导干部的畏难情绪。

## 四、企业审计

1934年2月，阮啸仙率领审计人员，对中央苏区的部分苏维埃国家企业进行了审计。

他们首先进驻中央印刷厂。在印刷厂部，阮啸仙召集厂领导、党团支部及有关负责人开会，了解印刷厂的经济收支及生产管理情况。经反复核实，发现中央印刷厂，"印刷《红色中华》一期，只需油墨十二磅，而报账为二十四磅半；排字只七工半，而报账为十二工"。为此，阮啸仙分析道："这是说印刷厂得的利益更多。""但这些利益哪里去了，他们也可以回答不知道。"面对此情况，阮啸仙甚为气愤，毫不留情，一针见血指出问题实质："这不仅仅是浪费，更是赤裸裸的贪污！必须予以严惩！"

▲位于瑞金叶坪"围院厅下"的中央邮政局旧址。1932年5月在此基础上成立了中央邮政总局，后迁往叶坪中石村。1934年2月，中央审计委员会对其开展了审计

▲位于瑞金洋溪的中央造币厂旧址。1934年2月，中央审计委员会对其开展了审计

▲位于瑞金叶坪的中央对外贸易总局旧址。1934年2月，中央审计委员会对其开展了审计

▲中央印刷厂是中央苏区由苏维埃政府出资的较大苏维埃国家企业，负责承担《红色中华》与《斗争》等苏区报刊和中央重要文稿印制任务。1934年2月，中央审计委员会对其开展了审计。图为位于瑞金叶坪下陂坞村的中央印刷厂旧址

与此同时，其他各组也纷纷反馈回审计情况：如邮政总局的反贪污浪费斗争，"只在当时某一种运动刺激之下，就兴奋了一下子"，还反映该局"去年十二月决算存余三百多元""不知下落"的情况；反映中央造币厂"只有支付的预算，没有每月生产品的数字"，以及"劳动纪律松懈""原料和出品比数不符"等；反映粮食调剂总局"因为预决算没有建立，不能随时随地明了收支状况""账目混乱""与分局的关系很坏，劳动纪律也很差"等；贸易总局同样"也是二月以前的账弄不清楚""对各分局工作，也是不能了解"。

▲1934年3月，中央审计委员会分别对中央印刷厂、邮政总局、中央造币厂、粮食调剂总局、贸易总局等国有企业进行了审计。图为1934年3月27日出版的《红色中华》第169期第6版刊登的《中央审计委员会审查国家企业会计的初步结论》

1934年3月27日出版的《红色中华》第169期第6版，刊登了阮啸仙审签的题为《中央审计委员会审查国家企业会计的初步结论》的审计报告，一针见血指出了问题产生的共同原因："上列诸厂局，一般的缺点是不明了本身在苏维埃经济上的性质和作用，不知道也不考虑产品的成本，不知计算盈亏，有钱就用，没钱就向国家主管机关要。""官僚主义的领导方式，未能彻底转变，厂长局长不了解实际情形，提不出具体的办法，反使节省运动和提高劳动纪律，变成空喊。""上级机关，没有经常的检查和具体的指导，也应负相当的责任。"最后，审计报告得出两大结论，呼吁建立健全会计制度、反对官僚主义的领导方式。

中央审计委员会的审计报告，有理有据，令人信服。特别是中央工农检察委员会，他们借助中审委提供的案件线索，以及一些苏维埃国家企业管理人员以少报多、虚造假账等行为，严厉查处了一批贪腐大要案。

# 五、群团审计

土地革命时期，在中央苏区先后成立了反帝拥苏同盟和革命互济会等群众团体，其经费除收取会费、接受捐款外，各级苏维埃政府给予部分津贴。按照审计条例的规定，阮啸仙率领审计人员，于1934年3月先后对互济会和反帝拥苏同盟两大群众团体开展了财政收支情况的审计。

审计报告对互济会"拿救济费做机关开支""会费一塌糊涂""各种捐款没去检查"和"开支项目不适当"等财务收支乱象提出了尖锐批评，并就互济会的"严重状态"耐心地提出了"使所有款子都用在发展工作和救济事业上"和"建立各级会计制度"的建议。

同时，查明反帝拥苏同盟存在"贪污月费"等问题。审计报告称，在会费管理方面，反帝拥苏同盟"收月费工作比互济会好些""不过，总盟对于月费，也是任其自然"，疏于管理，"没去整理，只靠中府津贴和红军月费来开支"。在经费收支方面，反帝拥苏同盟存在"贪污月费"行为，"本身开支也还有浪费"。在检查粤赣省时，发现一些区和乡的基层干部贪污现象频发，多者"一个区主任贪污三30多元"，少的"一个乡主任贪污百多毛"；在经费安排上，"没把检查月费和反帝拥苏工作联系起来，用宣传鼓动提高会员反帝拥苏的热忱"，认为"这是一个大的缺点"；在工作方

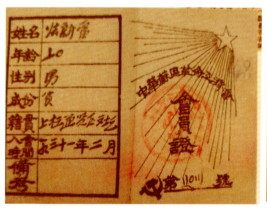

▲1933年4月12日，中华苏区革命互济会成立。该会是国际革命互济会中国支部，其主要任务是救济苏区内并援助白区一切遇难的革命战士及其亲属。图为该会会员证

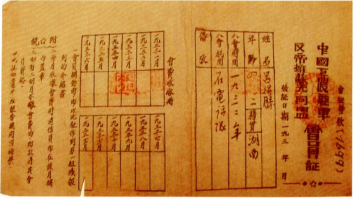

▲中央苏区于1932年6月成立反帝总同盟，11月成立拥苏总同盟，1933年初两个组织合并成立中央苏区反帝拥苏总同盟。在红军中，军以上单位及红军学校和独立师也成立了相应机构。图为中国工农红军反帝拥苏同盟会员证

▲1934年4月7日出版的《红色中华》第172期第3版刊登的《中央审计委员会检查互济会反帝拥苏同盟财政收支的总结》

式上，"总盟与各级分盟关系没有建立好"，"会计制度一般的未建立起来"，等等。基于此，阮啸仙在审计报告最后，向中央执行委员会主席团强烈建议："在目前节省经济来帮助战争的任务下，反帝拥苏同盟应做到停止政府津贴，实行经费自给！"

在毛泽东、张闻天等苏维埃中央领导同志的过问督促下，中央审计委员会严肃查纠了互济会和反帝拥苏同盟财务收支存在的问题，清缴了被挪用的会费，健全了会计和会费管理制度，并积极配合中央工农检查委员会，从速查处了互济总会财务部部长谢开松贪污案，贪腐人员受到应有惩处。

## 六、中心审计

1934年，中央苏区正面临国民党第五次"围剿"，根据地经济形势异常严峻。当时，中央苏区总人口约440万人，其中中央机关、红军部队约13万人，财政保障任务特别繁重，经济工作的中心就是一手抓发展生产、另一手抓厉行节约。为此，中央人民委员会于1934年2月发布命令，号召"四个月节省经费80万元来拥护革命战争"，在中央苏区和各军事机关开展了一场轰轰烈烈的节省运动。围绕苏维埃中心，阮啸仙领导中央审计委员会，开展了节省运动成效的专项审计检查。

其中，阮啸仙率领审计人员检查中央各部3月节省情况后，认为"3月份实支总数与2月份比较，节省2962.66元，达到了（节省）40%，单拿中央各部讲，差不多达到50%"，"纠正了过去造预算不顾实际，随便填写数字，及用钱时不遵守预算的毛病"。此外，审计报告还总结了这次成绩取得的五方面经验，就是"动员要深入""节省不仅要注意大处，同时要注意小处""节省促劳动纪律，劳动纪律促节省""因为群众监督节省，反贪污斗争大大开展起来""把集中的款子直接送交财务金库"，节省的款项上交时要减少中间环节，以免"发生挪用和遗失的毛病"。中央审计委员会号召："上列这些，都是值得各级苏维埃机关和革命团体学习的"。

▲1933年12月5日出版的《红色中华》第132期第1版刊登的社论《节省经济与开展反浪费斗争》

▲1934年8月15日出版的《红色中华》226期第3版刊登的《中央审计委员会关于总卫生部系统中五六月节省成绩的总结》

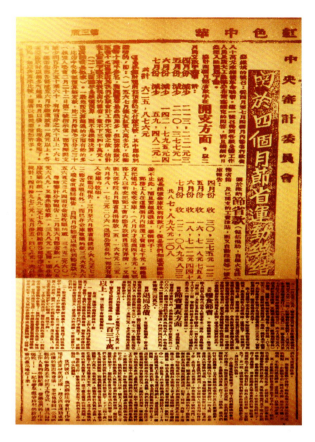

▲为了检查关于中央苏区4个月节省80万元经费落实情况，中央审计委员会对中央各部4月至7月节省情况进行了专项审计。图为1934年9月11日出版的《红色中华》第232期第3版刊登的《中央审计委员会关于四个月节省运动总结》

▲图为1934年4月14日出版的《红色中华》第175期第5版刊登的《中央审计委员会检查中央各部三月份节省成绩的总结》

在对总卫生部系统5月和6月两个月节省情况审计后，及时出具了审计报告。该报告实事求是总结了总卫生部系统的节省成绩，并分析了取得这些成绩的原因，认为"这一惊人成绩，证明了我们的休养员工作人员对于拥护战争之如何热烈，打破了认为医院不能节省的机会主义观点，突破了《红色中华》四个月节省号召的记录"。同时，审计报告也实事求是指出了总卫生部系统在节省方面存在的缺点，如存在命令摊派、仍有贪污现象发生、节省与医院工作互相促进做得较差等。

为了检查节省经费80万元的情况，1934年9月，中央审计委员会对中央各部门4月至7月4个月响应苏维埃政府号召情况进行了一次审计。结果为，在开支方面，以2月份开支数字为节省基数，4月至7月份共计减少62.5876万元。审计认为，节省总数虽未达到节省80万的预期目标，但其中有许多特殊因素，包括在此期间中央苏区扩大红军6万多名、保卫队员2000多名；统计数为预算数，若与决算相比较，四个月的节省数还要增多；各部门的节省款远没有统计在内等，中央审计委员会对此进行了详细说明。同时，中央审计委员会还对中央各部粮食节省、夏衣节省以及退回的公债等进行了检查。经过全面综合分析，中央审计委员会最后认定，中央各部四个月"不仅完成了80万元（节省）计划，而且可以说（节省）将近超过一倍即130万元以上"。

## 七、正风审计

从1934年2月初成立，到中央主力红军长征，阮啸仙领导中央审计委员会，在短短几个月时间里，在对中央机关、苏维埃国家企业、群众团体和专项审计及部分省和中央直属县的审计中，积极配合中央工农检察委员会，大力检举贪污浪费行为，主动提供各种犯罪线索，严厉查处了一批贪污公款、浪费公物、衙门官僚、形式主义等腐化变质分子。这些人大都是管钱管物的会计科长、出纳，也有主管的处长、主任；既有中央党群部门的管理干部，也有基层政权机关人员，贪污腐化分子被分别判处枪决、监禁、撤职和强制劳动等惩处，在中央苏区干部中起到了巨大的震慑教育作用！

在这场没有硝烟的审计战场，阮啸仙与他的同事们，经受了忠诚与背叛、坚守与诱惑等诸多严峻考验。有感于此，阮啸仙抑制不住兴奋之情，对各级苏维埃政府、各部门单位、军事机关的反贪污、反浪费、反官僚和反形式主义的工作热情，给予了高度评价：

"在节省运动高潮底下，推动了我们苏维埃的会计工作的建立，和预决算制度之初步实现。在我们财政经济战线上，在苏维埃法度里，打下了一个根基，使我们可以夸耀着：只有苏维埃是空前的真正的廉洁政府！"

▲1933年12月15日，毛泽东和项英、张国焘共同签发颁布了《关于惩治贪污浪费行为》的中央执行委员会二十六号训令，其中规定，凡苏维埃公职人员"贪污公款500元以上者，处于死刑"。该训令全文刊于1934年1月4日出版的《红色中华》第140期第2版

阮啸仙领导的中央审计委员会，在艰苦卓绝的战争年代，卓有成效地开展了审计工作。尽管历史没有给他们更多更广阔的展示舞台，但人民审计制度已经奠基。尤其是他主持中央审计委员会期间所开展的一系列实践探索，以审计为手段掀起的惩腐肃纪之风暴，以及呕心沥血争创"全苏维埃模范"的敬业奉献精神，已成为永不磨灭的红色印记。

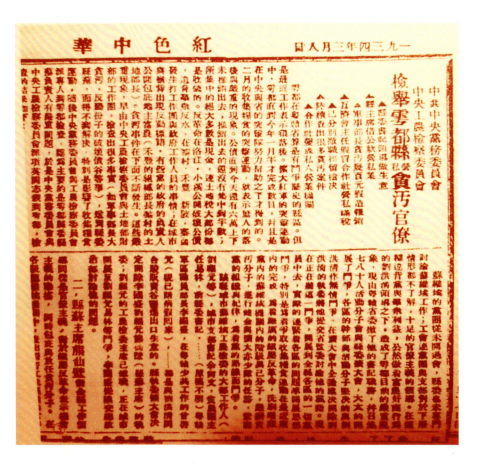

▲1934年3月8日出版的《红色中华》第159期第3版报道中共中央党务委员会、中央工农检察委员会关于检举雩都县（即今于都县——引者注）县委书记、县苏维埃政府主席等领导干部贪污腐败案件的情况

▲加强与各级工农检察委员会的联系，"裁判检举对贪污浪费的行为"，这是审计条例规定中央审计委员会应履行的重要职责之一。图为兴国县高兴区苏维埃政府工农检察部控告局制作的控告箱

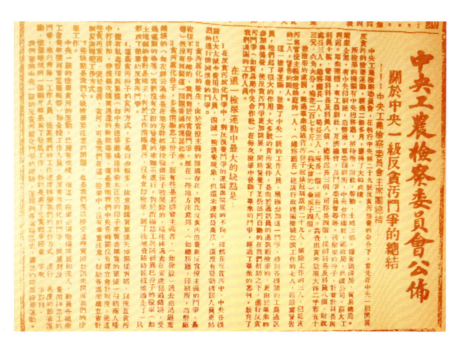

▲1934年3月27日出版的《红色中华》第165期第3版刊登的《中央工农检察委员会公布——关于中央一级反贪污斗争的总结》

# 第六篇

## 为新中国成立作出突出贡献的英模人物

　　阮啸仙在1934年10月，中央主力红军离开中央革命根据地开始长征后，奉命与项英、陈毅等留在赣南坚持游击斗争。12月，他奉调中共赣南省委，任省委书记兼赣南军区政委。1935年3月6日，在江西信丰县安息乡（今安西镇）上迳村枫树庵上小埂指挥部队突围时，阮啸仙不幸壮烈牺牲。2009年9月，在中华人民共和国成立60周年前夕，阮啸仙被中宣部等11个部门评为"100位为新中国成立作出突出贡献的英雄模范人物"之一。

1934年10月，中央苏区第五次反"围剿"失败，中央主力红军被迫实行战略大转移。

中央主力红军离开中央革命根据地开始长征后，阮啸仙奉命与项英、陈毅等领导人留在赣南坚持游击斗争。1934年12月后，阮啸仙奉调中共赣南省委，任省委书记兼赣南军区政委。虽受命于危难之时，但他不计较个人得失，仍然保持坚定的共产主义信念，一到任就马上投入到部署游击战争的各项工作之中。

此时，中央苏区的形势一天比一天严峻，敌人设置重兵重重包围。阮啸仙不顾身患重病，以于都、安远、兴国、信丰等县为中心区域，领导赣南地方军民开展游击战争。

1935年1月上旬，阮啸仙不顾时好时坏的哮喘病，与赣南省苏维埃政府主席钟世斌、省军区司令员蔡会文、政治部主任刘伯坚等人，组织赣南省军民坚壁清野，加紧进行筹粮筹款，积极扩大地方武装。

▲1934年10月，中央苏区第五次反"围剿"失败，中央主力红军离开中央革命根据地开始长征。图为被誉为"长征第一桥"的瑞金武阳桥

▲1934年12月，阮啸仙调任中共赣南省委书记、赣南军区政委。图为位于于都县城的中共赣南省委旧址

　　1月中旬，阮啸仙全身心投入保护、疏散和安置留在苏区的红军伤病员及领导干部家属的工作中，与省委、省苏政府机关人员一起，分别到各区、乡召开干部会议，将安置任务落实到村到户，有时还亲自到农户家里做动员工作。在大家的艰苦努力下，安置工作进展十分顺利。广大群众对伤病员精心护理，使多数人员在短时间内痊愈归队。

　　1月23日，阮啸仙指挥赣南军区独立第六团和独立第十四团，在登贤县乱石区的黄沙、紫云幛一带，与国民党粤军独立第四师1个营激战。是役，红军独立第十四团团长程万钧英勇牺牲。

　　1月下旬，中共赣南省委、省苏维埃政府、省军区机关从登贤县的小溪左坑迁至于都县禾丰区的华山下。2月上旬，包围中央苏区的各路敌人开始对瑞金、瑞西和于都、登贤、会昌各县进行分区"清剿"。中央苏区面临的形势到了最紧急关头。

　　2月中旬初，项英、陈毅、贺昌等率中央分局、中央政府办事处等机关和部队，从黄龙的井塘村迁至禾丰的隘上、丰田的畔田桥一带，与赣南省委、省苏政府和省军区机关汇合在一起。

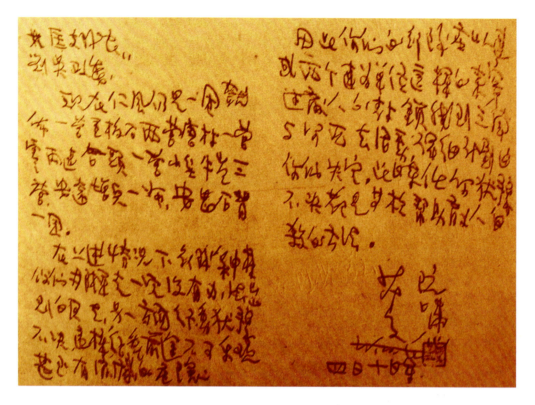

▲1935年3月4日上午10时，阮啸仙与赣南军区司令员蔡会文联名签发给林匪支队长、刘吴政委的手令。图为阮啸仙与蔡会文的命令手迹（由赣州市档案馆提供）

　　2月中旬末，整个中央苏区仅剩赣南省的黎村和禾丰两个地方，其余全部被敌占领。中央分局按照中央书记处的指示，随即在于都禾丰地区召开紧急会议，传达中央指示精神，决定将被围困在于都南部的近万名红军部队和地方工作人员，分成九路向外突围，开展游击战争，阮啸仙和蔡会文、刘伯坚、梁柏台一起，领导赣南军区与红军独立第六团在赣南进行游击战争。中央分局书记项英和委员陈毅、贺昌，随红七十团行动，其余机关工作人员，派到各地和各部队工作。按照这一部署，阮啸仙与赣南军区司令蔡会文、赣南军区政治部主任刘伯坚、少共赣南省委书记陈丕显和中央政府办事处副主任梁柏台等，率独立团及省委机关、中央工农剧社、《红色中华》报社等1800余人，留在于都南部山区，伺机准备突围。

　　1935年2月21日，阮啸仙在禾丰金鸡山主持召开赣南省机关部队开展游击战争的动员大会。会后，机关工作人员和部队分三路向黎村的上坪山区转移，阮啸仙随机关行动。在各路突围部队出发后，项英、陈毅等率中央分局和中央办事处少数工作人员转移，几天后也在上坪地区与阮啸仙等人会合。

3月4日，阮啸仙与赣南军区司令员蔡会文、军区政治部主任刘伯坚、中央政府办事处副主任梁柏台和少共赣南省委书记陈丕显等，率赣南省机关和部队2000余人，整编成3个支队，从上坪的南坑山出发，往赣粤边的龙南、全南、定南方向突围。

上午10时许，阮啸仙与蔡会文发现突围部队成一路纵队行进，立即从衣袋掏出笔记本，撕下一页，迅疾给支队长林匡、政委刘昊写了一份手令，联名命令队伍立即改变队形，"以连或两个连为单位，穿过敌人封锁线，到三南与河西去活动"，并要求迅速行动，告诫"任何犹豫不决，都是等于帮助敌人、自杀的方法！"但部队来不及分散，在畚岭地区的罗坑、金沙一带与敌人遭遇，激战数小时，突围部队被敌冲散。

3月5日，阮啸仙带病指挥突围部队，继续在畚岭地区与敌周旋，突围至信丰牛岭一带时，又遭敌军重兵阻击。虽经奋力冲杀，终因山高林密，敌人封锁严密，阮啸仙率领的队伍未能杀破重围，队伍被冲散，伤亡惨重。

3月6日，阮啸仙与赣南军区司令员蔡会文，率领第二支队突围人员，冲破敌在牛岭、马岭的封锁线。当突围至信丰县安西乡上迳村枫树庵上小埂时，阮啸仙不幸被敌弹击中，鲜血如注，但他喘着粗气，高呼："为革命战斗到底！"为中国人民的解放事业献出了宝贵的生命，年仅37岁。

时任中华苏维埃共和国中央政府办事处主任的陈毅，在安全突围到达信丰油山后，惊闻阮啸仙和中央军区政治部主任贺昌先后壮烈牺牲的噩耗，悲痛万分，含泪写下了一首题为

▲1935年3月底，陈毅获悉老战友阮啸仙与贺昌先后殉难噩耗后，悲痛万分，挥毫赋诗。图为陈毅诗《哭阮贺》手迹

▲广东省河源市烈士陵园中的阮啸仙塑像

《哭阮贺》五言诗，抒发了他对革命战友的悼念之情："最近同志中，阮贺足称贤。阮誉传岭表，贺名播幽燕。审计呕心血，主政见威严。哀哉同突围，独我得生全。"

2009年9月，中央宣传部、中央组织部及中央文献研究室、中央党史研究室等11个部门，联合组织开展了"100位为新中国成立作出突出贡献的英雄模范人物和100位新中国成立以来感动中国人物"评选活动。经过近亿群众投票，以及中央有关部门核准、组委会评审专家投票，阮啸仙被评为"100位为新中国成立作出突出贡献的英雄模范人物"之一。这是党和人民对阮啸仙革命一生的最高褒奖！

▲2009年9月，"双百"评选活动组委会给阮啸仙颁发的纪念章

▲2009年9月，"双百"评选活动组委会给阮啸仙颁发的荣誉证书

　　▲2009年9月14日，"100位为新中国成立作出突出贡献的英雄模范人物和100位新中国成立以来感动中国人物"代表座谈会在北京举行，阮啸仙孙子阮钦彤（左二）与广东其他"双百"人物亲属代表一并赴京参会领取了评选活动组委会颁发的纪念章和证书

# 篇 后

## 啸仙故里  红色下屯

    义合镇下屯村，是人民审计事业奠基者阮啸仙故里，也是审计人魂牵梦萦之地。为了让下屯的父老乡亲精准脱贫，实现与全省同步全面小康和乡村振兴目标，从2016年起，广东审计人向省委、省政府立下军令状，为先烈故里按下了精准脱贫的"加速键"。经过8年的倾情帮扶，村容村貌发生了翻天覆地变化，初步探索走出了一条"红色、绿色、古色"相得益彰，特色资源梯次开发的乡村振兴发展之路。

啸仙故里　　　　红色下屯　　　　客家古村　　　　生态田园

▲2005年11月19日，第十一届全国政协副主席、时任审计署审计长
李金华（左一）在河源市博物馆参观阮啸仙烈士图片展览

▶ 2013年8月8日，时任审计署审计长刘家义在下屯阮啸仙故居为"审计干部教育基地"揭牌

▶ 2018年10月16日至18日，时任审计署审计长胡泽君（左二）在广东省审计厅调研

▶ 现任审计署审计长侯凯

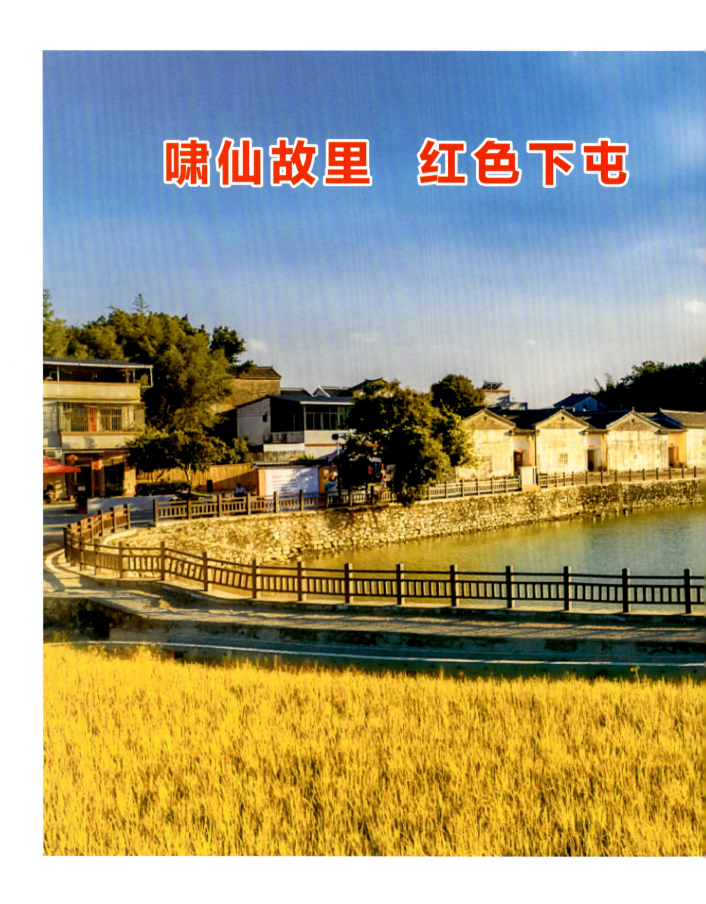

啸仙故里　红色下屯

# 客家古村　生态田园

（东源县文联提供）

▲2016年6月29日，时任广东省审计厅厅长何丽娟（左三）等在下屯村访贫问苦

▲2019年8月13日，时任广东省审计厅厅长卢荣春（右二）等在下屯村慰问贫困户

▲2021年9月8日，时任广东省审计厅厅长张爱军（右二）在河源市市长何国森（左一）陪同下参观阮啸仙生平事迹展览

▲2022年，广东省审计厅厅长马学斌（右四）在河源市委书记林涛（右五）等陪同下调研下屯乡村振兴工作

▲下屯俯瞰图（东源县文联提供）

（东源县文联提供）

▲总面积超1000平方米、配套设施齐全的"颐养苑"，对全村鳏寡孤独户实行集中安置

▲以"粤菜师傅"和"厨师专业村"为依托而兴建的"河源客家菜师傅培训基地"

▲东江湿地审计公园

▲总投资1亿余元、总长近3公里、双向2车道的阮啸仙纪念大桥

▲下屯花海

▲东源县职业教育培训基地

▲规划建设中的啸仙故里党群教育服务中心

▲规划建设中的审计博物馆

# 附录一

## 阮啸仙生平大事纪略

### （1898—1935）

#### 1898年 诞生

9月5日 生于广东河源县义合乡（今河源市东源县义合镇）下屯村大塘面屋（部分出版的书籍和报刊发表的文章中，称阮啸仙生于1897年，这不准确。据1915年广州羊城大同印字馆印制的《阮氏家乘》载：熙朝，"生于清光绪二十四年戊戌七月二十日"，即1898年9月5日）。

#### 1918年 20岁

3月 考入广东省立第一甲种工业学校机械科。

#### 1919年 21岁

6月17日 广东中等以上学校学生联合会在广州成立。阮啸仙和刘尔崧、周其鉴为该会的主要负责人。

#### 1920年 22岁

8月 加入广州社会主义青年团。

#### 1921年 23岁

8月 秘密加入中国共产党，成为广东最早的一批党员之一。

#### 1922年 24岁

秋 从省立甲种工业学校毕业后，被安排在中国劳动组合书记部广东分部工作。

#### 1923年 25岁

5月13日 广东社会主义青年团改组，阮啸仙被选为广东社会主义青年团地方执行委员会书记，代行团区委书记。

6月12—20日 中国共产党第三次全国代表大会在广州举行。阮啸仙出席了大会。

10月14—16日 主持召开社会主义青年团广东区第一次代表大会。在会上被选为团广东区执行委员会委员，并在18日举行的区委第一次会议上当选为区执行委员会委员长。

#### 1924年 26岁

5月25日—6月1日 参加社会主义青年团广东区第二次代表大会，当选为区执行委员会委员，并在6月9日团广东区第二届执行委员会第一次会议上，当选为执委会秘书（据当时团中央组织法规定，秘书为主要负责人）。

9—10月间 中共广州地委改选，阮啸仙当选为委员。稍后，又当选为中共广东区委委员。

冬 任中共广东区委农民运动委员会书记。

#### 1925年 27岁

1月1日—4月3日 广州第三届农民运动讲习所开办，阮啸仙任该所主任。

5月1日 出席并主持广东省第一次农民代表大会，阮啸仙与彭湃、罗绮园在会上被选为广东省农民协会常务委员，负责全权处理会内一切事务。

#### 1926年 28岁

11月中旬 中共中央农民运动委员会成立，毛泽东为书记，阮啸仙等7人为委员。其他5位委员是：彭湃、易礼容、陆沉、萧人鹄、青年团一人。

### 1927年 29岁

4月27日—5月9日 中国共产党第五次全国代表大会在武汉举行。阮啸仙未出席大会，但被选为中央监察委员会候补委员。

### 1928年 30岁

6月18日—7月11日 中国共产党第六次全国代表大会在莫斯科举行。阮啸仙出席大会，并被选为中央审查委员会委员。

### 1929年 31岁

年初 从莫斯科回国，返抵上海后，先在中共中央机关工作。稍后被派往南昌，先后任中共江西省委常委、宣传部部长、秘书长、组织部部长等职。

### 1930年 32岁

春 奉调党中央宣传部工作。

10月4日 任中共中央北方局组织部部长。

12月21日 中共中央决定撤销中央北方局和顺直省委，同时成立中共河北省委，阮啸仙为代理书记。

### 1931年 33岁

11月7—22日 中华苏维埃共和国第一次代表大会在江西瑞金召开，阮啸仙虽未出席，但被选为中华苏维埃共和国中央执行委员会委员。

### 1932年 34岁

冬 奉调全国互济总会担任救援部部长。

### 1933年 35岁

9月15日后 由于参加多次救援营救活动而暴露政治身份，奉命离开上海，前往中央革命根据地工作。

### 1934年 36岁

1月15—18日 出席中共六届五中全会。

1月22日—2月1日 出席在瑞金召开的中华苏维埃共和国第二次代表大会，继续当选为中华苏维埃共和国中央执行委员会执行委员，并在2月3日举行的第二届中央执行委员会第一次会议上，被选为中央审计委员会主任。

3月17日 经阮啸仙审签的《中央审计委员会审查三月份中央政府预算的总结》在是日《红色中华》第163期发表，首启了审计结果在媒体公布之先河。

3月22日 经阮啸仙审签的《中央审计委员会审核粤赣省三月的预算的总结》发表在是日《红色中华》第165期。

3月31日 经阮啸仙审签的《中央审计委员会审查国家企业会计的初步结论》在是日《红色中华》第169期发表。

4月5日 经阮啸仙审签的《中央审计委员会稽核瑞金经济开支的总结》，在是日《红色中华》第171期发表。

4月7日 经阮啸仙审签的《中央审计委员会检查互济会、反帝拥苏同盟财政收支的总结》，发表于是日《红色中华》第172期。

4月14日 经阮啸仙审签的《中央审计委员会检查中央各部三月份节省成绩的总结》，发表于是日《红色中华》第175期。

6月13日 撰写署名文章《把"节省每一个片，为着战争，争取前线上的胜利"提到福建省苏面前》，发表于6月19日《红色中华》第204期。

8月15日 经阮啸仙审签的《中央审计委员会关于总卫生部系统中五六月节省成绩的总结》在是日《红色中华》第226期发表。

9月11日 经阮啸仙审签的《中央审计委员会关于四个月节省运动总结》在是日《红色中华》第232期发表。

10月21日 中央主力红军离开中央革命根据地开始长征，阮啸仙奉命留在赣南坚持游击战争。

12月后 任中共赣南省委书记、赣南军区政委。

### 1935年 37岁

3月6日 率部突围至江西信丰县安息乡（今安西镇）上迳村枫树庵上小埂时壮烈牺牲。

# 附录二

## 参考书目及资料

[1]中央档案馆.中共中央文件选集:第1—14册[M].北京:中共中央党校出版社,1989.

[2]中共中央组织部,中共中央党史研究室,中央档案馆.中国共产党组织史资料[M].北京:中共党史出版社,2000.

[3]中共江西省委党史研究室,中共赣州市委党史工作办公室,中共龙岩市委党史研究室.中央革命根据地历史资料文库:党的系统[M].南昌:江西人民出版社;北京:中央文献出版社,2011.政权系统:第6—8卷[M].北京:中央文献出版社,2013.

[4]中央档案馆,广东省档案馆.广东革命历史文件汇集:甲种本1—16辑[A].1982.

[5]中国井冈山干部学院,中央档案馆.《红色中华》全编:第1—8辑[M].南昌:江西人民出版社,2016.

[6]中共中央组织部,中共中央党史研究室,中央档案馆.中国共产党组织史资料:第1—19卷[M].北京:中共党史出版社,2000.

[7]中共广东省委组织部,中共广东省委党史研究室,广东省档案馆.中国共产党广东省组织史资料:上册[M].北京:中共党史出版社,1994.

[8]中共江西省委组织部,中共江西省党史资料征集委员会,江西省档案局.中国共产党江西省组织史资料:第1卷[M].北京:中共党史出版社,1999.

[9]毛泽东.毛泽东选集:第1—4卷[M].北京:人民出版社,1991.

[10]中共中央文献研究室.毛泽东文集:第1卷[M].北京:人民出版社,1993.

[11]中共中央文献研究室.毛泽东年谱(1893—1949):上,中,下卷[M].北京:中央文献出版社,2013.

[12]中共中央组织部.中国共产党党内统计资料汇编:1921—2010[M].北京:党建读物出版社,2011.

[13]中共赣州市委党史工作办公室.中央苏区人物志[M].北京:中共党史出版社,2004.

[14]阮啸仙文集编辑组.阮啸仙文集[M].广州:广东人民出版社,1984.

[15]刘林松.阮啸仙研究[M].广州:广东人

民出版社，1985.

[16]中共河源县委宣传部，中共河源县委党史办.阮啸仙研究史料：内部版[A].1985.

[17]江西省审计厅.中央苏区审计史料汇编（内部版）[A].1988.

[18]中华人民共和国审计署，江西省审计厅.中华苏维埃共和国中央审计委员会纪念画册[M].北京：中国审计出版社，2001.

[19]江西省审计厅.源远流长：中华苏维埃共和国中央审计委员会旧址画册[A].2008.

[20]中共赣州市委党史工作办公室.中国共产党赣州历史大事记：第1卷(1919—1949)[M].北京：中共党史出版社，2013.

[21]余伯流，凌步机.中央苏区史[M].南昌：江西人民出版社，2001.

[22]李金华.中国审计史：第3卷[M].北京：中国时代经济出版社，2004.

[23]国家图书馆.陈诚档案缩微胶卷[A].

[24]江西省档案馆，中共江西省委党校党史教研室.中央革命根据地史料选编：上，中，下册[M].南昌：江西人民出版社，1982.

[25]赣州市审计局.赣州审计志1983—2012（内部版）[A].2016.

[26]佚名.阮氏家乘：1—5册[M].广州：大同印字馆，1915.

[27]河源县地方志编纂委员会.河源县志[M].广州：广东人民出版社，2000.

[28]中国人民解放军历史资料丛书编审委员会.南方三年游击战争：综合篇[M].北京：解放军出版社，1995.

[29]信丰县军事志编纂委员会.信丰县军事志(内部版)[A]2011.

[30]于都县党史研究室.于都县中央苏区赣南省，中共中央分局专题回忆资料[A].

# 后记

为了纪念中华人民共和国审计署成立40周年、中华苏维埃共和国中央审计委员会成立90周年和人民审计事业奠基人阮啸仙诞辰125周年，我们编撰了本画传。

阮啸仙是中国共产党早期杰出的无产阶级革命家，广东青年运动重要领导人，大革命时期与彭湃齐名的农民运动领袖，中共纪检监察工作先驱，人民审计事业的奠基者，2009年被评为"100位为新中国成立作出突出贡献的英雄模范人物"之一。本画传选取阮啸仙一生中最重要的革命经历，运用图文并茂的方式，突出介绍其从事青年运动、农民运动、秘密斗争和红色审计等方面的主要事迹，力求使本画传成为一本进行爱国主义教育、革命传统教育的通俗读物。

本画传在策划和编辑时，得到广东和江西省、市有关单位、领导及阮啸仙亲属的大力支持。特别是广东省档案局、河源市档案局、河源市党史研究室、河源市阮啸仙研究会和江西省审计厅、赣州市党史研究室、赣州市档案局、瑞金市审计局，以及黄菊艳、官丽珍、黄小青、黄振中、阮钦彤等给予了热心指导和支持，恕未逐一列举，在此一并致谢。

鉴于时间跨度较大，历史资料奇缺，特别是历史照片稀缺且效果欠佳，难以达到预期出版效果。本书定有疏虞不妥或错讹之处，敬请读者批评指正。

编委会

2023年2月